GÂTEAUX
épouStouflants

★ 100 RECETTES INRATABLES ★

100% cuisine

MANGO

SOMMAIRE

★ GROS GÂTEAUX *aux fruits* ★

★ GÂTEAUX *individuels* ★

GÂTEAUX
cultes

Carrot cake

P. 28

Layer cake au chocolat

P. 74

Rainbow cake

P. 140

GRANDS *classiques*

Saint-honoré à la chantilly

★ P. 126

Pièce montée de petits choux

★ P. 148

Mini-religieuses

★ P. 186

PRÉPARÉS EN 20 MINUTES *maximum*

Roulé à la confiture de fraises

★ P. 38

Gâteau à la crème glacée et aux fruits rouges

★ P. 48

Pudding aux noix de pécan

★ P. 172

SANS CUISSON au four traditionnel

Cheese-cake aux framboises

★ P. 20

Charlotte aux mûres

★ P. 52

Gâteau au chocolat au micro-ondes

★ P. 80

GROS GÂTEAUX *aux fruits*

ANGEL CAKE *aux framboises*

POUR 6 À 8 PERSONNES
PRÉPARATION : 45 MIN
CUISSON : 35 MIN

250 g de framboises
70 g de farine
1 cuillerée à café de levure chimique
5 blancs d'œufs (200 g)
1 cuillerée à soupe de jus de citron
1 cuillerée à soupe d'eau de rose alimentaire
1 gousse de vanille
quelques gouttes de colorant rose
200 g de crème fleurette bien froide
50 g de mascarpone
1 noix de beurre pour le moule
80 g de sucre semoule
30 g de sucre glace
3 ou 4 pétales de rose en sucre
1 pincée de sel

1. Préchauffez le four à 160 °C (th. 5-6). Placez la grille dans le tiers inférieur du four.
2. Fendez la gousse de vanille en deux dans la longueur et récupérez les graines avec la pointe d'un couteau. À l'aide d'une passoire, tamisez ensemble la farine, la levure et 20 g de sucre semoule.
3. Montez les blancs en neige. Lorsqu'ils sont mousseux, ajoutez le jus de citron, le sel et les graines de vanille. Continuez de battre les blancs, incorporez le reste de sucre en trois fois, puis du colorant. Montez les blancs jusqu'à ce qu'ils soient bien fermes. Saupoudrez 2 cuillerées à soupe du mélange farine-sucre sur les blancs. Mélangez intimement. Répétez l'opération jusqu'à épuisement des ingrédients.
4. Versez la préparation jusqu'aux trois quarts d'un moule à cheminée ou d'un moule à kouglof de 17 cm, beurré. Égalisez la surface et enfournez pour 35 minutes. À la sortie du four, retournez le moule (sans démouler le cake) sur une grille et laissez complètement refroidir.
5. Montez la crème fleurette en chantilly. Ajoutez le sucre glace, le mascarpone, l'eau de rose et du colorant. Lorsque le cake est froid, décollez-le délicatement avec la lame d'un couteau et déposez-le dans une assiette.
6. Versez la chantilly dans une poche munie d'une douille cannelée et remplissez la cheminée. Terminez par une rosace de crème sur la cheminée et tout autour du gâteau. Décorez avec les framboises et les pétales de rose. Conservez au frais jusqu'au dernier moment. Servez le reste de crème avec le gâteau.

CHIFFON CAKE *poires-caramel*

POUR 6 À 8 PERSONNES
PRÉPARATION : 40 MIN
CUISSON : 50 MIN

250 g de fromage blanc
3 poires
125 g de farine
1 sachet de levure chimique
5 œufs
1 gousse de vanille
50 g d'huile végétale
100 g de beurre + 1 noix pour le moule
170 g de sucre semoule + 70 g pour le caramel
1 pincée de sel

1. Préchauffez le four à 160 °C (th. 5-6). Placez la grille dans le tiers inférieur du four. Fendez la gousse de vanille en deux dans la longueur et récupérez les graines avec la pointe d'un couteau. Séparez les blancs des jaunes d'œufs dans deux grands saladiers. À l'aide d'une passoire, tamisez ensemble la farine et la levure. Épluchez les poires, coupez-les en quatre, épépinez-les puis détaillez chaque quart en tranches. Réservez.
2. Faites blanchir les jaunes d'œufs avec 100 g de sucre, puis incorporez successivement 6 cl d'eau, l'huile, les graines de vanille et la farine tamisée. Mélangez jusqu'à l'obtention d'une pâte lisse et brillante, réservez.
3. Montez les blancs en neige. Lorsqu'ils sont mousseux, ajoutez le sel et la moitié du sucre restant. Continuez de battre les blancs, puis versez le reste de sucre. La meringue doit être lisse et brillante. Incorporez délicatement un tiers de la meringue dans le mélange précédent, et remuez en douceur. Versez le reste de la meringue et mélangez de nouveau délicatement.
4. Versez la préparation aux trois quarts d'un moule haut à charnière de 17 cm, au fond légèrement beurré. Égalisez le dessus avec une spatule et enfournez pour 40 minutes de cuisson. À la sortie du four, retournez le moule (sans démouler le cake) sur une grille et laissez complètement refroidir.
5. Pendant ce temps, faites fondre 30 g de beurre dans une poêle. Déposez les tranches de poire et faites-les dorer sur toutes les faces. Préparez le caramel : dans une casserole, faites fondre 70 g de sucre dans 10 cl d'eau, jusqu'à obtenir une jolie couleur ambrée. Hors du feu, incorporez 70 g de beurre et réservez.
6. Lorsque le cake est froid, décollez-le délicatement avec la lame d'un couteau. Retournez-le sur un plat de présentation et coupez-le en trois parties égales dans le sens horizontal. Recouvrez les deux étages du bas de fromage blanc, de poires poêlées et de caramel. Reconstituez le chiffon cake, décorez avec le reste des poires et versez le reste de caramel. Dégustez.

CHIFFON CAKE *à la fraise*

POUR 6 À 8 PERSONNES
PRÉPARATION : 45 MIN
CUISSON : 30 MIN

125 g de farine
1 sachet de levure chimique
5 œufs + 3 blancs pour la crème
1 gousse de vanille
quelques gouttes de colorant rose
quelques gouttes de colorant fuchsia
50 g d'huile végétale
400 g de beurre + 2 noix pour les moules
170 g de sucre semoule
140 g de sucre glace
1 pincée de sel

1. Préchauffez le four à 160 °C (th. 5-6). Placez la grille dans le tiers inférieur du four. Fendez la gousse de vanille en deux dans la longueur et récupérez les graines avec la pointe d'un couteau. Séparez les blancs des jaunes d'œufs dans deux grands saladiers. À l'aide d'une passoire, tamisez ensemble la farine et la levure.
2. Faites blanchir les jaunes d'œufs avec 100 g de sucre, puis incorporez successivement 6 cl d'eau, l'huile, les graines de vanille et la farine tamisée. Mélangez jusqu'à l'obtention d'une pâte lisse et brillante, réservez. Divisez la pâte en deux parts égales et colorez chacune de manière à obtenir un dégradé de rose, de clair à plus soutenu.
3. Montez les blancs en neige. Lorsqu'ils sont mousseux, ajoutez le sel et la moitié du sucre restant. Continuez de battre les blancs, puis versez le reste de sucre. La meringue doit être lisse et brillante. Divisez en deux parts égales et incorporez-les à chaque préparation.
4. Versez les préparations dans deux moules à manqué de taille moyenne, au fond légèrement beurré. Enfournez pour 30 minutes. À la sortie du four, retournez les moules (sans démouler les cakes) sur une grille et laissez complètement refroidir.
5. Préparez la crème : assouplissez le beurre avec un fouet pour le rendre crémeux. Montez 3 blancs d'œufs en neige ferme en incorporant progressivement le sucre glace, puis incorporez le beurre pour obtenir une crème lisse et souple.
6. Lorsque les chiffon cakes sont froids, décollez-les délicatement avec la lame d'un couteau et retournez-les dans des assiettes. Étalez de la crème entre les gâteaux puis superposez-les. Divisez le reste de crème en deux : colorez la première moitié en rose pâle et la seconde moitié en fuchsia. Remplissez deux poches munies de douilles cannelées et décorez le dessus du gâteau en jouant avec les deux tonalités de rose. Conservez dans un endroit frais à l'abri de l'humidité avant de servir.

CHIFFON CAKE
à la pâte à sucre

POUR 6 PERSONNES
PRÉPARATION : 45 MIN
CUISSON : 40 MIN

500 à 600 g de pâte à sucre blanche
150 g de pâte à sucre de couleur (vert, jaune ou autre)
125 g de farine
1 cuillerée à soupe de fécule de maïs
1 sachet de levure chimique
5 œufs
4 cuillerées à soupe de gelée de fruits (framboise, mûre...)
1 gousse de vanille
50 g d'huile végétale
1 noix de beurre pour le moule
170 g de sucre semoule
1 pincée de sel

Astuce
Ne conservez pas ce gâteau au réfrigérateur, mais dans un endroit sec et frais.

1. Préchauffez le four à 160 °C (th. 5-6). Placez la grille dans le tiers inférieur du four. Fendez la gousse de vanille en deux dans la longueur et récupérez les graines avec la pointe d'un couteau. Séparez les blancs des jaunes d'œufs dans deux grands saladiers. À l'aide d'une passoire, tamisez ensemble la farine et la levure.
2. Faites blanchir les jaunes d'œufs avec 100 g de sucre, puis incorporez successivement 6 cl d'eau, l'huile, les graines de vanille et la farine tamisée. Mélangez jusqu'à l'obtention d'une pâte lisse et brillante, réservez.
3. Montez les blancs en neige. Lorsqu'ils sont mousseux, ajoutez le sel et la moitié du sucre restant. Continuez de battre les blancs, puis versez le reste de sucre. La meringue doit être lisse et brillante. Incorporez délicatement un tiers de la meringue dans le mélange précédent et remuez en douceur. Versez le reste de la meringue et mélangez de nouveau délicatement.
4. Versez la préparation aux trois quarts d'un moule rond à bord haut, au fond légèrement beurré. Égalisez le dessus avec une spatule et enfournez pour 40 minutes de cuisson. À la sortie du four, retournez le moule (sans démouler le cake) sur une grille et laissez complètement refroidir.
5. Lorsque le cake est froid, décollez-le délicatement avec la lame d'un couteau. Retournez-le sur un plat de présentation et coupez-le en son milieu dans le sens horizontal. Garnissez de gelée le milieu et le dessus du gâteau, puis reconstituez le chiffon cake.
6. Sur le plan de travail recouvert de fécule, étalez la pâte à sucre blanche sur 3 mm. Soulevez-la avec le rouleau et déposez-la délicatement pour recouvrir tout le gâteau. Appuyez légèrement sur tous les côtés pour que la pâte adhère. Découpez l'excédent à 1 cm des contours, repliez et glissez-le sous le gâteau. Décorez le bas avec un ruban. Réalisez quelques fleurs à l'aide d'un emporte-pièce avec la pâte à sucre colorée et posez-les sur le gâteau à l'aide d'un petit pinceau préalablement trempé dans de l'eau

CHEESE-CAKE *aux framboises*

POUR 6 À 8 PERSONNES
PRÉPARATION : 30 MIN
REPOS : 5 H

Base :
150 g de biscuits sablés
70 g de beurre fondu

Garniture :
150 g de purée de framboises
50 g de framboises fraîches pour la finition
450 g de fromage frais (Philadelphia® ou St Môret®)
300 g de crème liquide entière
5 feuilles de gélatine (10 g)
100 g de sucre

1. Préparez la base : mixez les biscuits afin d'obtenir une poudre grossière. Ajoutez le beurre fondu et mélangez. Posez un disque de papier sulfurisé dans le fond d'un moule à charnière de 18 cm de diamètre. Tassez la préparation sablée, égalisez la surface avec le fond d'un verre. Réservez 1 heure au réfrigérateur.
2. Réalisez la garniture : mettez la gélatine à ramollir dans un bol d'eau froide pendant 5 minutes. Faites chauffer 10 cl de crème, ajoutez la gélatine essorée et faites-la fondre en mélangeant.
3. Fouettez le fromage frais pour le détendre, ajoutez le sucre, la purée de framboises puis la gélatine fondue et mélangez.
4. Fouettez le reste de crème bien froide en chantilly. Incorporez-la délicatement à la préparation. Garnissez le bord du moule d'une bande de Rhodoïd®. Versez la préparation, lissez la surface à la spatule et réservez au moins 4 heures au réfrigérateur.
5. Démoulez le cheese-cake sur un plat de service, retirez la bande de Rhodoïd®, décorez de framboises et servez.

CHEESE-CAKE *au coulis de cerises*

POUR 6 À 8 PERSONNES
PRÉPARATION : 40 MIN
RÉFRIGÉRATION : 30 MIN
CUISSON : 1 H

Fond biscuité :
200 g de biscuits sablés au beurre
80 g de beurre fondu + 1 noix pour le moule
quelques gouttes d'extrait de vanille

Appareil au fromage :
350 g de fromage frais (Philadelphia® ou St Môret®)
200 g de crème aigre
2 gros œufs
1 citron bio
1 cuillerée à café d'extrait de vanille
100 g de cassonade

Finition :
1 bocal de cerises amarena (300 g environ)

1. Préchauffez le four à 150 °C (th. 5).
2. Réduisez les biscuits en miettes à l'aide d'un robot. Dans un saladier, mélangez les miettes de biscuits, la vanille et le beurre fondu, jusqu'à obtenir une pâte.
3. Beurrez un moule à charnière de 18 à 20 cm de diamètre. Versez-y les miettes, étalez régulièrement et lissez la surface avec le fond d'un verre. Réservez 30 minutes au réfrigérateur.
4. Dans un saladier, mélangez au fouet le fromage, la crème aigre, la cassonade, le zeste et le jus du citron ainsi que la vanille en poudre. Ajoutez les œufs un à un et mélangez sans incorporer trop d'air.
5. Versez l'appareil au fromage sur la base biscuitée et enfournez pour 1 heure. Sortez le cheese-cake du four et laissez-le refroidir.
6. Au moment de servir, passez un couteau fin tout autour pour décoller les bords puis démoulez délicatement et placez sur un plat de service. Répartissez les cerises et leur coulis.

CHEESE-CAKE *aux fraises gariguettes*

POUR 6 À 8 PERSONNES
PRÉPARATION : 20 MIN
REPOS : 30 MIN
RÉFRIGÉRATION : 1 NUIT
CUISSON : 45 À 50 MIN

600 g de fromage frais (Philadelphia® ou St Môret®)
200 g de mascarpone
150 g de sablés bretons
4 œufs
1 cuillerée à soupe de vanille liquide
60 g de beurre
120 g de sucre

Garniture :
200 g de fraises gariguettes
1 cuillerée à soupe de pistaches mondées non salées

1. Mixez les biscuits au robot. Faites fondre le beurre et ajoutez-le aux biscuits. Mélangez puis versez le tout dans un moule à charnière de 20 cm de diamètre tapissé dans le fond d'une feuille de papier sulfurisé. Tassez bien avec le fond d'un verre. Placez au frais 30 minutes.
2. Préchauffez le four à 150 °C (th. 5).
3. Fouettez le fromage frais avec le mascarpone, le sucre et la vanille puis ajoutez les œufs un à un en mélangeant bien. Versez cette crème dans le moule et lissez la surface à la spatule.
4. Enfournez le cheese-cake et faites-le cuire 45 minutes, puis éteignez le four et laissez-le refroidir dans le four. Placez-le ensuite une nuit au réfrigérateur.
5. Le lendemain, démoulez le cheese-cake et disposez les fraises lavées et égouttées sur le dessus. Parsemez de pistaches concassées et servez.

CHEESE-CAKE *mangue-passion*

POUR 6 À 8 PERSONNES
PRÉPARATION : 40 MIN
RÉFRIGÉRATION : 30 MIN
CUISSON : 50 MIN

20 cl de purée de mangues
300 g de biscuits sablés (type spéculoos)
200 g de fromage frais (Philadelphia® ou St Môret®)
125 g de fromage blanc à 20 % de matière grasse
1 cuillerée à soupe de fécule de maïs
3 œufs entiers + 1 jaune
100 g de crème fraîche épaisse
75 g de beurre + 1 noix pour le moule
75 g de cassonade

Coulis passion :
8 fruits de la passion
30 g de sucre semoule

1. Réalisez la base biscuitée : écrasez les biscuits avec un rouleau à pâtisserie ou mixez-les à l'aide d'un robot. Faites fondre le beurre dans une casserole puis mélangez-le aux miettes de biscuits jusqu'à l'obtention d'une pâte. Étalez-la dans le fond et sur les bords d'un moule à charnière préalablement beurré, en tassant bien. Réservez 30 minutes au réfrigérateur.
2. Préchauffez le four à 180 °C (th. 6).
3. Préparez la crème : dans un saladier, fouettez le fromage frais avec la crème, le fromage blanc, la purée de mangues et la cassonade. Ajoutez les œufs entiers un à un et le jaune. Délayez la fécule dans un peu d'eau puis incorporez-la au mélange précédent. Versez cette préparation sur le fond de pâte.
4. Enfournez, baissez la température du four à 150 °C (th. 5) et faites cuire 45 minutes. Retirez le cheese-cake du four, laissez refroidir puis réservez au frais.
5. Pendant ce temps, coupez les fruits de la passion en deux et récupérez la pulpe avec une cuillère. Faites-la chauffer avec le sucre dans une casserole pendant 5 minutes à feu moyen, puis laissez refroidir ce coulis.
6. Démoulez le cheese-cake sur un plat de service, nappez-le de coulis et servez.

CARROT CAKE

POUR 6 À 8 PERSONNES
PRÉPARATION : 30 MIN
CUISSON : 1 H

Gâteau :
200 g de carottes râpées
le zeste de 2 oranges
1 cuillerée à café de cannelle en poudre
300 g de farine + 2 cuillerées à soupe pour les moules
1 cuillerée à café de levure chimique
½ cuillerée à café de bicarbonate
4 œufs
25 cl d'huile végétale
2 noix de beurre pour les moules
200 g de cassonade

Crème :
250 g de crème fraîche liquide entière
120 g de mascarpone
50 g de sucre glace

1. Préchauffez le four à 150 °C (th. 5).
2. Préparez le gâteau : beurrez et farinez deux moules à manqué de 18 cm de diamètre.
3. Dans un grand saladier, tamisez la farine avec la cannelle, la levure et le bicarbonate, puis ajoutez la cassonade. Incorporez ensuite les œufs légèrement battus, l'huile, les carottes et le zeste d'orange. Mélangez à la spatule jusqu'à obtenir un appareil homogène.
4. Versez la pâte dans les moules et faites cuire 1 heure au four. Vérifiez la cuisson en piquant les gâteaux avec la lame d'un couteau : elle doit ressortir sèche. En fin de cuisson, laissez tiédir les gâteaux avant de les démouler. Laissez refroidir.
5. Réalisez la crème : dans un saladier, mélangez au fouet électrique la crème et le mascarpone. Lorsque la préparation commence à épaissir, ajoutez le sucre et continuez de fouetter jusqu'à obtenir une chantilly.
6. Tartinez de chantilly le dessus d'un des gâteaux et lissez à la spatule. Posez le second gâteau par-dessus et déposez le tout sur un plat de service. Transférez le reste de crème dans une poche munie d'une douille cannelée. Dressez de petits tourbillons de crème sur le dessus du carrot cake et réservez au frais jusqu'au moment de déguster.

GÂTEAU GÉANT
à la noix de coco

POUR 6 À 8 PERSONNES
PRÉPARATION : 45 MIN
CUISSON : 40 MIN

Gâteaux :
100 g de noix de coco râpée
30 cl de lait de coco
370 g de farine
+ 2 cuillerées à soupe
pour les moules
1 sachet de levure
4 œufs
250 g de beurre + 2 noix
pour les moules
400 g de sucre en poudre

Nappage :
100 g de noix de coco râpée
quelques copeaux de noix
de coco pour la finition
4 blancs d'œufs
10 cl d'eau
150 g de sucre

1. Préchauffez le four à 180 °C (th. 6).
2. Préparez les gâteaux : faites fondre le beurre. Versez la farine, le sucre, la noix de coco râpée et la levure dans un saladier. Mélangez et creusez un puits au centre.
3. Battez les œufs et versez-les dans le puits. Ajoutez le lait de coco et mélangez en incorporant la farine petit à petit. Versez ensuite le beurre fondu et mélangez bien jusqu'à l'obtention d'une pâte homogène. Beurrez et farinez deux moules à manqué puis répartissez-y la préparation. Enfournez pour 30 à 35 minutes de cuisson. Sortez les gâteaux du four, laissez tiédir puis démoulez-les sur une grille. Laissez refroidir complètement.
4. Pendant ce temps, préparez le nappage : versez le sucre et l'eau dans une casserole et faites-les chauffer jusqu'à obtention d'un sirop épais. Pendant ce temps, montez les blancs en neige, puis versez le sirop en filet en continuant de fouetter et ce jusqu'à complet refroidissement. Ajoutez alors la noix de coco râpée et mélangez délicatement.
5. Coupez les gâteaux en deux dans l'épaisseur. Recouvrez un premier disque de biscuit d'une fine couche de nappage. Posez un autre disque par-dessus, et ainsi de suite en alternant les couches de crème et les disques de biscuit. Recouvrez entièrement le gâteau de nappage à la noix de coco.
6. Placez-le dans un endroit frais jusqu'au moment de servir. Décorez au dernier moment de copeaux de noix de coco.

GÂTEAU À LA CRÈME *et aux fruits exotiques*

POUR 6 À 8 PERSONNES
PRÉPARATION : 40 MIN
CUISSON : 30 MIN

Gâteau :
180 g de farine
1 sachet de levure chimique
6 œufs
2 noix de beurre pour le moule
300 g de sucre + 2 cuillerées à soupe pour le moule

Garniture :
200 g de confiture de fruits exotiques (mangue, passion...)
25 cl de crème liquide entière
50 g de sucre glace + 2 cuillerées à soupe pour la finition

1. Préchauffez le four à 180 °C (th. 6).
2. Beurrez et sucrez un moule en forme de couronne.
3. Versez les œufs et le sucre dans un saladier posé sur une casserole d'eau frémissante. Fouettez jusqu'à ce que le mélange blanchisse, devienne mousseux et double de volume.
4. Ajoutez la farine tamisée avec la levure, petit à petit en soulevant la pâte délicatement.
5. Versez-la dans le moule puis enfournez pour 25 à 30 minutes. Vérifiez la cuisson avec la lame d'un couteau qui doit ressortir sèche. Démoulez le gâteau et laissez refroidir sur une grille.
6. Fouettez la crème bien froide en chantilly. Ajoutez le sucre glace progressivement. Découpez le gâteau en trois dans l'épaisseur. Déposez un premier disque sur un plat de service. Étalez la moitié de la confiture puis la moitié de la crème fouettée. Déposez un deuxième disque de gâteau, tartinez à nouveau de confiture et de crème. Déposez le dernier disque de gâteau, saupoudrez de sucre glace et réservez au frais jusqu'au moment de servir.

GÂTEAU MERINGUÉ *à la noix de coco*

POUR 6 PERSONNES
PRÉPARATION : 30 MIN
CUISSON : 50 MIN

Gâteau :
50 g de noix de coco râpée
185 g de farine + 1 cuillerée à soupe pour le moule
1 sachet de levure
2 œufs
25 cl de lait
125 g de beurre + 1 noix pour le moule
230 g de sucre en poudre

Meringue :
100 g de noix de coco râpée
3 blancs d'œufs
10 cl d'eau
150 g de sucre

1. Préchauffez le four à 180 °C (th. 6).
2. Préparez le gâteau : faites fondre le beurre. Versez la farine, le sucre, la noix de coco râpée et la levure dans un saladier. Mélangez et creusez un puits au centre.
3. Battez les œufs en omelette et versez-les dans le puits. Ajoutez le lait et mélangez en incorporant la farine petit à petit. Versez ensuite le beurre fondu et mélangez bien jusqu'à l'obtention d'une pâte homogène. Beurrez et farinez un moule à manqué et versez-y la pâte. Enfournez et faites cuire 45 minutes. Sortez le gâteau du four, laissez tiédir puis démoulez-le sur une grille. Laissez refroidir complètement.
4. Pendant ce temps, préparez la meringue : versez le sucre et l'eau dans une casserole et faites-les chauffer jusqu'à l'obtention d'un sirop épais (sans le laisser colorer). Pendant ce temps, montez les blancs en neige, puis versez le sirop en filet en continuant à fouetter sans arrêt, et ce jusqu'à complet refroidissement. Ajoutez alors la moitié de la noix de coco râpée et mélangez délicatement.
5. Coupez le gâteau en deux dans l'épaisseur. Recouvrez la base de meringue. Posez la partie supérieure par-dessus et recouvrez entièrement le gâteau de meringue. Saupoudrez le reste de noix de coco.
6. Placez dans un endroit frais jusqu'au moment de servir.

GÂTEAU DAMIER

POUR 6 À 8 PERSONNES
PRÉPARATION : 45 MIN
CUISSON : 20 MIN

Base des gâteaux :
350 g de farine
1 sachet de levure chimique
4 œufs
3 cl de lait
200 g de sucre
220 g de beurre mou
+ 2 noix pour les moules
1 cuillerée à café de sel

Gâteau au citron :
1 citron
5 cl de lait

Gâteau à la fraise :
5 cl de sirop de fraise
quelques gouttes
de colorant rose

Finition :
250 g de pâte à sucre
jaune clair
150 g de fromage frais
50 g de sucre glace

1. Préparez les gâteaux : dans un saladier, fouettez le beurre mou avec le sucre jusqu'à ce que le mélange devienne mousseux. Ajoutez alors les œufs un à un en mélangeant bien entre chaque ajout. Versez en pluie la farine, la levure et le sel tamisés ensemble. Incorporez le lait : vous devez obtenir une pâte homogène et épaisse.

2. Divisez la pâte en deux, dans deux saladiers différents. Dans le premier, versez le jus et le zeste râpé du citron, puis le lait. Mélangez. Dans le second, versez le sirop de fraise et quelques gouttes de colorant rose. Mélangez.

3. Préchauffez le four à 180 °C (th. 6).

4. Versez les préparations dans deux moules rectangulaires beurrés de 20 x 10 cm. Enfournez et faites cuire 20 minutes. À la sortie du four, laissez tiédir puis démoulez les gâteaux sur une grille. Laissez complètement refroidir.

5. Dans un bol, mélangez au fouet le fromage frais avec le sucre glace et quelques gouttes d'eau si nécessaire pour détendre le mélange. Retaillez dans chaque gâteau 2 bandes régulières de section carrée.

6. Sur un plat, déposez côte à côte une bande de gâteau à la fraise et une bande de gâteau au citron. Collez-les entre elles avec une fine couche de fromage frais étalé à la spatule. Tartinez le dessus de fromage frais. Déposez sur le dessus les deux autres bandes de gâteau en croisant les couleurs. Collez-les entre elles avec du fromage frais, puis tartinez le dessus et les côtés du gâteau.

7. Étalez la pâte à sucre au rouleau, le plus finement possible. Recouvrez le gâteau et retaillez l'excédent à l'aide d'un petit couteau. Réservez au frais jusqu'au moment de servir.

ROULÉ à la confiture de fraises

POUR 6 PERSONNES
PRÉPARATION : 15 MIN
CUISSON : 10 MIN

1 pot de confiture de fraises
100 g de farine
½ cuillerée à café de levure
4 œufs
1 noix de beurre pour la plaque
100 g de sucre
sucre glace
1 pincée de sel

1. Préchauffez le four à 180 °C (th. 6).
2. Cassez les œufs en séparant les blancs des jaunes. Fouettez les jaunes avec le sucre en poudre, jusqu'à ce que le mélange blanchisse et devienne mousseux. Incorporez la farine et la levure. Mélangez.
3. Montez les blancs en neige ferme avec une pincée de sel. Ajoutez-les délicatement dans le mélange aux jaunes d'œufs. Étalez la pâte sur une plaque tapissée de papier sulfurisé beurré. Enfournez pour 10 minutes de cuisson environ.
4. Retournez le biscuit sur un torchon humidifié. Enroulez le biscuit chaud sur lui-même avec le torchon et emballez-le dans du film alimentaire. Laissez refroidir.
5. Retirez le papier sulfurisé et déroulez le biscuit. Tartinez-le d'une fine couche de confiture de fraises. Roulez à nouveau le gâteau délicatement. Recoupez proprement les extrémités.
6. Au dernier moment, saupoudrez de sucre glace et servez.

MACARON GÉANT *aux framboises et à la crème*

POUR 6 PERSONNES
PRÉPARATION : 1 H
REPOS : 1 H
CUISSON : 25 MIN

Coques du macaron :
80 g de poudre d'amandes
80 g de blancs d'œufs
1 pointe de colorant rose (en poudre)
120 g de sucre glace
60 g de sucre en poudre

Garniture :
150 g de framboises
20 g de fécule de maïs
40 g de blanc d'œuf
2 jaunes d'œufs
20 cl de lait
1,5 feuille de gélatine (3 g)
½ cuillerée à café de vanille en poudre
35 g de beurre
70 g de sucre

1. Préparez les coques du macaron : mixez ensemble la poudre d'amandes et le sucre glace de façon à obtenir une poudre très fine. Tamisez-les. Fouettez les blancs d'œufs en neige ferme. Ajoutez le sucre et continuez à fouetter pour meringuer les blancs. La meringue va devenir lisse et brillante. Sans cesser de fouetter, incorporez le colorant.
2. Versez le mélange de poudre d'amandes en trois fois et mélangez avec une spatule jusqu'à obtenir un mélange lisse et brillant. À l'aide d'une poche à douille, dressez 2 grands cercles de pâte sur 2 plaques recouvertes de papier sulfurisé. Laissez croûter 1 heure à température ambiante.
3. Préchauffez le four à 150 °C (th. 5).
4. Faites cuire les macarons environ 18 minutes au four. Laissez complètement refroidir avant de les détacher du papier.
5. Préparez la crème : faites tremper les feuilles de gélatine dans un bol d'eau froide. Dans un bol, fouettez les jaunes avec 40 g de sucre. Ajoutez la fécule ainsi que la vanille et mélangez bien. Ajoutez peu à peu le lait chaud. Faites chauffer le mélange sur feu moyen et remuez jusqu'à épaississement. Retirez la crème du feu et ajoutez la gélatine. Remuez pour bien l'incorporer.
6. Fouettez les blancs d'œufs en neige avec le restant de sucre. Ajoutez-les délicatement à la crème tiède puis incorporez le beurre. Transvasez la crème obtenue dans une poche munie d'une douille cannelée. Laissez tiédir.
7. Procédez au montage : sur le bord du premier macaron, déposez en alternance des framboises et des dômes de crème. Garnissez le centre de crème et répartissez le reste des framboises. Posez le second macaron délicatement par-dessus et réservez au réfrigérateur.

Astuce

Pour obtenir de jolis cercles, tracez 2 disques de taille égale sur le papier afin de mieux diriger votre poche à douille.

FRAISIER

POUR 6 À 8 PERSONNES
PRÉPARATION : 1 H
CUISSON : 25 MIN
RÉFRIGÉRATION : 6 H

Génoise :
125 g de farine
4 œufs entiers
1 noix de beurre pour le moule
125 g de sucre en poudre

Sirop :
150 g de sucre en poudre
3 cuillerées à soupe de liqueur de framboise
3 cuillerées à soupe de kirsch
12 cl d'eau

Crème :
1 barquette de fraises
100 g de crème pâtissière
2 œufs entiers + 2 jaunes
5 cl d'eau
250 g de beurre mou
140 g de sucre semoule
sucre glace

1. Préparez la génoise : cassez les œufs en séparant les blancs des jaunes. Mettez les jaunes dans une jatte et fouettez-les avec le sucre en poudre jusqu'à ce qu'ils blanchissent. Montez les blancs en neige ferme et incorporez-les aux jaunes sucrés. Ajoutez la farine tamisée en deux fois. Mélangez bien.
2. Préchauffez le four à 180 °C (th. 6).
3. Versez la pâte dans un moule beurré et enfournez pour 10 à 15 minutes de cuisson. Laissez refroidir la génoise et coupez-la en deux dans l'épaisseur de façon à obtenir deux disques.
4. Préparez le sirop : versez le sucre en poudre dans une casserole avec l'eau, la liqueur de framboise et le kirsch. Portez à ébullition. Posez un premier disque de génoise dans le fond d'un cercle à pâtisserie. Imbibez-le de sirop, à l'aide d'un pinceau.
5. Préparez la crème : travaillez le beurre en pommade dans un bol, avec un fouet. Versez l'eau dans une petite casserole. Ajoutez le sucre et portez à ébullition sur feu doux de façon à obtenir un sirop. Mettez les œufs entiers et les jaunes dans une jatte et fouettez-les. Versez le sirop de sucre en filet sur les œufs tout en battant au fouet électrique, jusqu'à complet refroidissement. Incorporez ensuite le beurre sans cesser de fouetter. La crème obtenue doit être lisse et homogène. Incorporez la crème pâtissière. Étalez un tiers de la crème sur le premier disque imbibé.
6. Lavez les fraises et coupez-les en deux. Posez-les sur la crème, pointe vers le haut, en les enfonçant bien. Couvrez du reste de crème et lissez la surface. Posez le second disque de génoise imbibé de sirop à la liqueur. Réservez au frais pendant 6 heures.
7. Démoulez délicatement le fraisier sur un plat de service. Saupoudrez de sucre glace et décorez avec quelques fraises.

GÂTEAU AUX GROSEILLES, *mousse coco*

POUR 6 PERSONNES
PRÉPARATION : 1 H 30
RÉFRIGÉRATION ET REPOS : 3 H 30
CUISSON : 40 MIN

Macaron :
110 g de poudre d'amandes
4 blancs d'œufs
120 g de sucre glace
30 g de sucre en poudre
1 sachet de sucre vanillé
quelques gouttes de colorant rouge

Crème à la groseille :
200 g de groseilles fraîches + quelques-unes pour la décoration
2 œufs
60 g de beurre
60 g de sucre en poudre

Mousse coco :
20 cl de crème de coco
30 g de noix de coco râpée
15 cl de crème liquide entière très froide
3 feuilles de gélatine
30 g de sucre

Gelée miroir :
10 cl de Malibu®
20 cl d'eau
4 feuilles de gélatine
quelques gouttes de colorant rouge

1. Commencez par le biscuit macaron : mixez puis tamisez la poudre d'amandes mélangée au sucre glace. Montez les blancs d'œufs en neige en ajoutant le sucre en poudre en pluie à mi-parcours ainsi que le colorant et continuez de battre jusqu'à l'obtention d'une meringue bien ferme, lisse et brillante.
2. Incorporez ensuite le mélange de poudre d'amandes et de sucre glace avec une spatule souple et mélangez la préparation jusqu'à ce qu'elle forme un ruban lisse et brillant.
3. Beurrez 2 cadres à pâtisserie de 20 cm de côté et posez-les sur la plaque à pâtisserie recouverte de papier sulfurisé. À l'aide d'une poche à douille lisse, remplissez chacun des cadres de pâte et lissez à la spatule pour égaliser la surface. Laissez sécher 30 minutes à température ambiante. Puis glissez la plaque au four préchauffé à 150 °C (th. 5) et faites cuire 20 à 25 minutes.
4. Préparez la crème à la groseille : lavez et égrappez les groseilles. Mixez-les afin de les réduire en purée. Passez au tamis afin d'ôter les grains. Versez le coulis dans une casserole, ajoutez le sucre et les œufs. Placez sur feu doux et mélangez sans cesse jusqu'à ce que le mélange épaississe. Retirez alors la casserole du feu et laissez tiédir avant d'ajouter le beurre en parcelles. Filmez et réservez au frais.
5. Réalisez la mousse coco : mettez les feuilles de gélatine dans de l'eau froide pendant 10 minutes. Faites chauffer la crème de coco avec le sucre et la noix de coco râpée. Ajoutez la gélatine et laissez fondre. Laissez refroidir le mélange. Montez la crème bien froide en chantilly. Incorporez-la délicatement à la crème de coco et laissez prendre au frais au moins 2 heures.
6. Procédez au montage du gâteau : démoulez délicatement un des biscuits macarons. Répartissez la crème à la groseille sur le second biscuit (en gardant le cadre) et lissez la préparation à la spatule. Posez sur le dessus le premier biscuit macaron et appuyez délicatement pour égaliser la surface.

7. Répartissez ensuite la mousse coco en laissant dépasser le cadre de quelques millimètres. Réservez au frais.

8. Préparez la gelée : faites ramollir les feuilles de gélatine dans de l'eau froide. Portez à ébullition l'eau avec le Malibu® et le colorant. Incorporez la gélatine essorée et laissez tiédir hors du feu.

9. Versez cette gelée sur le gâteau et remettez au moins 1 heure au réfrigérateur.

10. Au moment de servir, retirez délicatement le cadre en vous aidant d'une lame de couteau trempée dans de l'eau chaude. Découpez le gâteau en portions et décorez de quelques groseilles fraîches.

GÂTEAU MULTICOUCHE *aux fruits rouges*

POUR 6 PERSONNES
PRÉPARATION : 2 H
CONGÉLATION : 2 H 15
RÉFRIGÉRATION : 1 H 30
CUISSON : 1 H

Bavarois :
35 g de jaunes d'œufs
250 g de crème liquide entière
80 g de lait entier
3 feuilles de gélatine (6 g)
1 gousse de vanille
40 g de sucre semoule

Insert aux fruits :
150 g de fruits rouges surgelés
3 feuilles de gélatine (6 g)
30 g de sucre

Biscuit :
40 g de farine
30 g de fécule de maïs
90 g de blancs d'œufs
75 g de jaunes d'œufs
1 noix de beurre pour le moule
70 g de sucre semoule

Base :
150 g de nougat tendre

Nappage :
150 g de gelée de framboise

Décoration :
fruits rouges frais
pâtes de fruits en forme de cœur
billes en sucre argentées

1. Réalisez l'insert aux fruits : faites ramollir la gélatine dans de l'eau froide pendant 5 minutes. Faites chauffer sur feu doux les fruits et le sucre pendant 5 minutes. Hors du feu, ajoutez la gélatine essorée et mélangez jusqu'à ce qu'elle soit fondue. Tapissez un moule rond de 14 cm de diamètre de film transparent et versez le coulis de fruits rouges. Laissez refroidir puis placez au moins 1 heure au congélateur.
2. Préchauffez le four à 160 °C (th. 5-6).
3. Préparez le biscuit : fouettez les jaunes d'œufs et 40 g de sucre jusqu'à ce que le mélange blanchisse. Montez les blancs d'œufs en neige ferme en ajoutant progressivement le reste de sucre. Ajoutez les jaunes battus, puis la farine et la fécule tamisées. Mélangez en soulevant délicatement la préparation. Versez-la dans un moule à manqué de 14 cm de diamètre et faites cuire pendant 30 minutes.
4. Réalisez la base : faites chauffer le nougat à feu très doux dans une casserole. Versez-le dans un cercle à pâtisserie de 14 cm de diamètre, égalisez la surface et réservez-le au frais.
5. Pour le bavarois, faites tremper la gélatine dans un bol d'eau froide. Dans une casserole, faites chauffer la crème et le lait avec la gousse de vanille fendue en deux. Laissez infuser 10 minutes puis retirez la gousse. Pendant ce temps, fouettez les jaunes d'œufs avec le sucre jusqu'à ce que le mélange blanchisse. Détendez le mélange avec un peu de lait tiède, puis reversez le tout dans la casserole et faites chauffer sur feu doux jusqu'à ce que la crème épaississe et nappe la cuillère. Attention, elle ne doit pas bouillir. Ajoutez la gélatine essorée et laissez tiédir. Fouettez le reste de crème en chantilly et incorporez-la dans la préparation.
6. Procédez au montage : tapissez de film étirable un moule à entremets de 18 cm de diamètre. Ajoutez un tiers du bavarois. Faites durcir 15 minutes au congélateur. Ajoutez l'insert aux fruits rouges et coulez par-dessus le deuxième tiers du bavarois.

Faites durcir 15 minutes au congélateur. Ajoutez le biscuit, coulez le reste de bavarois et posez le disque de nougat en l'enfonçant légèrement. Réservez 1 heure au congélateur.

7. Démoulez le dessert sur une grille. Faites tiédir la gelée de framboise dans une casserole ou au micro-ondes et coulez-la sur le dessus.

8. Décorez à votre goût. Réservez au réfrigérateur. Laissez le dessert revenir à température ambiante 15 minutes avant de le déguster.

GÂTEAU À LA CRÈME GLACÉE *et aux fruits rouges*

POUR 6 PERSONNES
PRÉPARATION : 20 MIN
RÉFRIGÉRATION : 1 H

15 biscuits à la cuillère
1 litre de glace à la framboise
500 g de fraises
200 g de cerises
200 g de framboises
sucre glace

1. Tapissez un moule à fond amovible de film étirable. Lavez les fraises, équeutez-les et coupez-les en deux. Lavez et équeutez les cerises. Sortez la glace du congélateur.
2. Disposez les biscuits dans le fond, côté plat en dessous, en recoupant si besoin certains d'entre eux afin qu'il ne reste aucun espace libre. Tapissez le pourtour du moule avec les demi-fraises, côté coupé contre la paroi. Répartissez la glace à la framboise en lissant à la spatule pour uniformiser la surface. Réservez au moins 1 heure au congélateur.
3. Dix minutes avant de servir, démoulez le gâteau et déposez-le sur un plat de service. Répartissez le reste des fraises, les framboises et les cerises. Saupoudrez de sucre glace et dégustez sans attendre.

BAVAROIS FACILE *à la confiture de fraises*

POUR 6 À 8 PERSONNES
PRÉPARATION : 40 MIN
RÉFRIGÉRATION : 6 H
CUISSON : 10 MIN

120 g de farine
4 œufs
120 g de sucre
1 feuille transfert petits cœurs

Garniture :
1 pot de confiture de fraises (environ 350 g)
10 cl de jus de pomme
5 feuilles de gélatine (10 g)
40 cl de crème fraîche liquide entière bien froide

★★★

Astuce

Pour bien monter la crème fouettée, mettez le bol et le fouet du batteur au réfrigérateur pour qu'ils soient bien froids.

1. Séparez le blanc et le jaune de 3 œufs. Dans un saladier, fouettez l'œuf entier restant avec les jaunes et le sucre. Incorporez la farine. Fouettez les blancs d'œufs en neige. Incorporez-les délicatement à la préparation avec une maryse, en soulevant délicatement la pâte.
2. Préchauffez le four à 180 °C (th. 6). Déposez la feuille transfert sur le côté d'une plaque à pâtisserie recouverte de papier sulfurisé. Étalez la pâte à génoise. Lissez la surface à l'aide d'une spatule.
3. Faites cuire le biscuit 8 à 10 minutes dans le four. Il doit être légèrement doré. Sortez-le du four et laissez-le tiédir 2 minutes. Retournez-le sur un torchon propre puis retirez le papier sulfurisé et la feuille transfert.
4. Découpez deux ronds dans la génoise à l'aide d'un cercle à pâtisserie de 22 à 24 cm de diamètre : l'un avec le motif cœur, l'autre sans motif.
5. Réservez le cercle avec le beau motif pour le dessus du gâteau. Sur le plat de service, posez l'autre disque de génoise et déposez le cercle à pâtisserie par-dessus. À l'aide d'un pinceau à pâtisserie, imbibez le biscuit de jus de pomme.
6. Préparez la mousse : faites tremper les feuilles de gélatine 5 minutes dans un bol d'eau froide. Dans un saladier, fouettez au batteur électrique la crème fraîche bien froide, jusqu'à ce qu'elle double de volume. Essorez les feuilles de gélatine et mettez-les dans une casserole avec un tiers de la confiture. Faites chauffer doucement pour faire fondre la gélatine.
7. Dans un autre saladier, mélangez la confiture restante et la confiture à la gélatine. Laissez tiédir. Incorporez la crème fouettée en mélangeant délicatement avec une maryse. Versez la mousse dans le cercle sur le gâteau imbibé. Posez dessus le second disque de génoise. Réservez 6 heures au réfrigérateur.
8. Au moment de servir, passez la lame d'un couteau le long du cercle puis démoulez.

CHARLOTTE *aux mûres*

POUR 6 PERSONNES
PRÉPARATION : 30 MIN
RÉFRIGÉRATION : 12 H

250 g de mûres
16 biscuits roses de Reims
2 feuilles de gélatine (4 g)
1 citron
250 g de fromage blanc
20 cl de crème liquide entière
100 g de sucre
sucre glace

1. Mettez les feuilles de gélatine à ramollir dans de l'eau froide. Essorez-les entre les mains. Pressez le jus du citron, mettez-le à chauffer dans une petite casserole, ajoutez la gélatine essorée et faites-la fondre hors du feu.
2. Fouettez le fromage blanc avec le sucre. Ajoutez le jus de citron et la moitié des mûres, mélangez. Montez la crème bien froide en chantilly. Incorporez-la au fromage blanc en soulevant délicatement avec une spatule.
3. Tapissez le fond et le pourtour d'un moule à charlotte de biscuits roses de Reims. Versez la crème. Mettez au frais pendant 12 heures.
4. Démoulez la charlotte dans une assiette de service. Disposez le reste des mûres sur le dessus et saupoudrez-les de sucre glace. Servez frais.

CHARLOTTE GLACÉE *macarons-passion*

POUR 6 PERSONNES
PRÉPARATION : 20 MIN
RÉFRIGÉRATION : 3 H
CUISSON : 2 MIN

50 cl de glace aux calissons
50 cl de glace à la vanille
16 coques de macarons (à commander chez le pâtissier)
6 fruits de la passion
½ cuillerée à café de vanille en poudre
5 cl de jus d'orange
2 feuilles de gélatine (4 g)
20 cl de crème liquide entière
2 cuillerées à soupe de sucre glace

1. Récupérez la pulpe des fruits de la passion à l'aide d'une petite cuillère. Faites ramollir la gélatine dans un bol d'eau bien froide. Faites chauffer le jus d'orange et, hors du feu, incorporez la gélatine essorée. Ajoutez la pulpe des fruits de la passion. Versez dans un moule à charlotte tapissé de film étirable. Laissez prendre au frais.

2. Sortez les glaces à température ambiante pour les ramollir. Étalez-les dans le moule à charlotte, en plusieurs couches, en alternant les parfums. Lissez le dessus, couvrez de film étirable puis remettez au congélateur pendant 2 à 3 heures.

3. Au moment de servir, démoulez la charlotte sur un plat de service. Placez les coques de macarons délicatement tout autour, en alternant les couleurs. Montez la crème liquide bien froide en chantilly. Dès qu'elle commence à prendre, ajoutez le sucre glace et la vanille. À l'aide d'une poche à douille, décorez le dessus de la charlotte d'une couronne de chantilly. Dégustez sans attendre.

PAVLOVA *aux fruits rouges*

POUR 6 PERSONNES
PRÉPARATION : 20 MIN
CUISSON : 1 H 15

Meringue :
6 blancs d'œufs
300 g de sucre en poudre
2 cuillerées à café rases de fécule de maïs
1 cuillerée à café de vinaigre blanc

Chantilly :
30 cl de crème entière au mascarpone
2 cuillerées à café d'extrait de vanille
30 g de sucre en poudre

Décor :
200 g de framboises
100 g de groseilles
100 g de myrtilles ou de cassis

1. Préchauffez le four à 110 °C (th. 3-4).
2. Battez les blancs d'œufs en neige ferme. Tout en continuant à battre, ajoutez le sucre, cuillerée par cuillerée. Incorporez enfin la fécule et le vinaigre blanc. Transférez dans une poche munie d'une grosse douille lisse.
3. Recouvrez une plaque à pâtisserie de papier sulfurisé. Tracez si besoin un gabarit au crayon sur l'envers. Réalisez une meringue bien ronde, avec les bords plus hauts que le centre. Enfournez pour environ 1 heure 15. Laissez refroidir dans le four éteint.
4. Mélangez au fouet la crème au mascarpone bien froide avec l'extrait de vanille et le sucre. Versez dans un siphon, ajoutez 2 cartouches de gaz et réservez au frais. Lavez et séchez délicatement les fruits rouges.
5. Procédez au montage : déposez un cordon de chantilly sur la meringue. Recouvrez de fruits rouges et servez sans attendre.

KOUGLOF
au sirop d'agrumes, rhum et vanille

POUR 6 À 8 PERSONNES
PRÉPARATION : 45 MIN
CUISSON : 55 MIN
REPOS : 2 H

500 g de farine
25 g de levure de boulanger fraîche
2 œufs
25 cl de lait
125 g de beurre à température ambiante + 1 noix pour le moule
150 g de sucre semoule
½ cuillerée à café de sel

Sirop :
100 g de sucre
1 pamplemousse
2 oranges
1 citron
2 gousses de vanille
5 cl de rhum vieux

1. Dans un saladier, émiettez la levure puis ajoutez la moitié du lait tiède et de la farine pour obtenir une pâte consistante. Laissez reposer jusqu'à ce qu'elle double de volume. Versez le reste de la farine dans un saladier, ajoutez le sel, les œufs battus et le reste de lait tiède. Mélangez le tout. Pétrissez la pâte pendant 15 minutes en la soulevant avec les mains.
2. Ajoutez le beurre, le sucre et la pâte au levain. Pétrissez à nouveau. Couvrez d'un linge et laissez reposer 1 heure. Lorsque la pâte a levé, travaillez-la à nouveau 2 à 3 minutes. Beurrez un moule à kouglof et mettez-y la pâte. Laissez reposer 1 heure.
3. Préchauffez le four à 180 °C (th. 6).
4. Enfournez le kouglof et faites cuire 45 minutes.
5. Pendant ce temps, préparez le sirop : pressez le jus des agrumes. Versez-le dans une casserole avec le sucre. Fendez les gousses de vanille en deux. Grattez l'intérieur avec la lame d'un couteau et ajoutez les grains de vanille au jus d'agrumes. Mélangez et portez à ébullition. Laissez cuire à petits frémissements pendant 10 minutes jusqu'à obtention d'un sirop.
6. Retirez du feu et ajoutez le rhum. Mélangez. Sortez le kouglof du four et laissez tiédir 5 minutes. Démoulez-le dans un plat creux et arrosez-le aussitôt de sirop. Laissez ensuite refroidir en l'arrosant régulièrement de sirop.

TARTE AUX FRUITS ROUGES *façon cheese-cake*

POUR 6 PERSONNES
PRÉPARATION : 1 H 30
REPOS : 2 H 30
RÉFRIGÉRATION : 1 NUIT
CUISSON : 40 MIN

Pâte sablée :
30 g de poudre d'amandes
220 g de farine
1 jaune d'œuf
125 g de beurre à température ambiante
80 g de sucre
1 sachet de sucre vanillé
1 pincée de sel

Appareil à cheese-cake :
500 g de fromage frais (Philadelphia® ou St Môret®)
250 g de fruits rouges frais
150 g de fruits rouges surgelés
2 œufs
80 g de sucre
1 sachet de sucre vanillé
quelques brins de menthe

1. Préparez la pâte sablée : mélangez la farine, les sucres, la poudre d'amandes et le sel. Faites un puits et placez au centre le beurre coupé en dés et le jaune d'œuf. Pétrissez jusqu'à ce que la pâte forme une boule. Filmez la pâte et laissez reposer 30 minutes au frais.
2. Étalez la pâte puis garnissez un moule à tarte. À l'aide d'un couteau, coupez l'excès de pâte, puis piquez le fond à la fourchette. Laissez reposer 2 heures au frais.
3. Préchauffez le four à 180 °C (th. 6).
4. Enfournez le fond de tarte et faites cuire 20 minutes. Laissez refroidir.
5. Fouettez le fromage frais, le sucre et le sucre vanillé puis ajoutez un à un les œufs en mélangeant bien entre chaque ajout. Étalez 3 cuillerées à soupe de préparation dans le fond du moule. Répartissez les fruits rouges surgelés puis versez le restant de préparation et lissez la surface. Baissez la température du four à 150 °C (th. 5) et faites cuire 20 minutes. Éteignez le four et laissez la tarte refroidir à l'intérieur, puis placez une nuit au frais.
6. Le lendemain, démoulez la tarte puis décorez-la de fruits rouges frais et de feuilles de menthe.

TARTE AU CITRON *meringuée*

POUR 6 À 8 PERSONNES
PRÉPARATION : 1 H
RÉFRIGÉRATION : 3 H
CUISSON : 40 MIN

Pâte :
25 g de poudre d'amandes
250 g de farine
1 œuf
140 g de beurre doux
à température ambiante
75 g de sucre glace
1 pincée de sel

Crème au citron :
le zeste de 2 citrons
10 cl de jus de citron
2 œufs entiers
100 g de beurre
à température ambiante
100 g de sucre semoule

Meringue :
100 g de blancs d'œufs
115 g de sucre en poudre

1. Réalisez la pâte : mélangez le beurre et le sucre glace à la spatule pour obtenir un mélange bien lisse. Ajoutez l'œuf puis la poudre d'amandes, le sel et la farine. Cessez de travailler la pâte dès que le mélange est homogène. Entre deux feuilles de papier sulfurisé, étalez la pâte au rouleau sur 2 à 3 mm d'épaisseur. Réservez-la 1 heure au réfrigérateur.
2. Préchauffez le four à 180 °C (th. 6).
3. Garnissez de pâte un moule à tarte de 26 centimètres de diamètre, festonnez les bords et piquez le fond à la fourchette. Recouvrez de papier sulfurisé et de billes de cuisson (ou de haricots secs). Enfournez pour 20 minutes de cuisson environ. Cinq minutes avant la fin, retirez le papier et les billes. Poursuivez la cuisson, la pâte doit être bien dorée. Laissez refroidir.
4. Préparez la crème : mélangez le sucre et les zestes de citron puis laissez infuser pendant une dizaine de minutes. Dans une casserole, réunissez le sucre avec les zestes, le jus de citron et les œufs entiers. Faites chauffer le tout sur feu très doux sans jamais cesser de fouetter, jusqu'à épaississement. Retirez du feu et laissez tiédir avant d'ajouter le beurre. Mélangez pour lisser la crème au citron, filmez au contact et laissez refroidir. Réservez 2 heures au moins au réfrigérateur.
5. Versez la crème au citron dans le fond de tarte. Lissez la surface à l'aide d'une spatule. Préparez la meringue : montez les blancs d'œufs en neige et ajoutez progressivement le sucre. À l'aide d'une poche munie d'une douille cannelée, dressez de petits pics de meringue sur la surface de la tarte. Colorez le dessus à l'aide d'un chalumeau de cuisine, ou passez brièvement la tarte sous le gril du four en surveillant bien. Réservez au frais jusqu'au moment de servir.

TARTE AU PAMPLEMOUSSE *meringuée*

POUR 6 PERSONNES
PRÉPARATION : 40 MIN
REPOS : 1 H 15
CUISSON : 35 MIN

Pâte :
250 g de farine
1 œuf entier
1 gousse de vanille
150 g de beurre
100 g de sucre

Garniture :
1 pamplemousse
1 cuillerée à soupe de jus de citron
4 œufs
100 g de beurre froid
250 g de sucre

★★★

Astuce
Vous pouvez également servir la tarte avec des zestes de pamplemousse confits.

1. Réalisez la pâte : travaillez en pommade le beurre, le sucre et les graines de la gousse de vanille, jusqu'à obtenir un mélange homogène. Ajoutez l'œuf puis incorporez la farine tamisée. Travaillez rapidement, formez une boule et réservez au frais pendant au moins 1 heure.
2. Préparez la garniture : pressez le pamplemousse pour obtenir 15 cl de jus. Dans une casserole, fouettez les 4 jaunes d'œufs (réservez les blancs pour la meringue), 150 g de sucre ainsi que le jus de pamplemousse et de citron. Portez à ébullition. Baissez le feu et faites cuire environ 10 minutes, jusqu'à ce que la crème épaississe. Retirez du feu et incorporez le beurre bien froid coupé en dés. Filmez au contact et réservez 1 heure au frais.
3. Préchauffez le four à 180 °C (th. 6).
4. Étalez la pâte et foncez un moule à tarte. Piquez à la fourchette, couvrez de papier cuisson et de poids en céramique (ou de haricots secs) et enfournez pour 15 minutes de cuisson. Retirez les poids et poursuivez la cuisson 5 minutes. Laissez refroidir.
5. Avant de garnir le fond de tarte précuit, fouettez les blancs d'œufs en neige et incorporez 100 g de sucre. Continuez de fouetter jusqu'à ce qu'ils soient brillants et fermes.
6. Remplissez le fond de tarte de crème au pamplemousse, recouvrez avec la meringue et faites colorer pendant 5 minutes au four à 150 °C (th. 5).

TARTE AUX POIRES *et aux amandes*

POUR 6 PERSONNES
PRÉPARATION : 40 MIN
RÉFRIGÉRATION : 30 MIN
CUISSON : 45 MIN

Pâte :
150 g de farine
2 jaunes d'œufs
80 g de beurre pommade
70 g de sucre
1 pincée de sel

Garniture :
100 g de poudre d'amandes
30 g d'amandes effilées
2 poires
3 cuillerées à soupe de gelée de coing (ou de pomme)
2 œufs
le jus d'1 citron
100 g de beurre doux pommade
100 g de sucre en poudre

1. Préchauffez le four à 180 °C (th. 6)
2. Préparez la pâte sablée : dans un bol, mélangez au fouet le beurre pommade avec le sucre. Ajoutez les jaunes d'œufs, le sel puis la farine. Formez une boule. Ne travaillez pas trop la pâte. Étalez-la en rectangle entre deux feuilles de papier sulfurisé et réservez au frais pendant 30 minutes.
3. Étalez la pâte dans un moule à tarte rectangulaire. Recouvrez-la d'une feuille de papier sulfurisé et de billes de cuisson (ou de haricots secs). Faites-la précuire 15 minutes.
4. Épluchez les poires et citronnez-les pour éviter qu'elles ne s'oxydent. Coupez-les en deux, retirez le cœur et les pépins puis détaillez-les en fines lamelles.
5. Réalisez la crème d'amandes : fouettez le beurre mou et le sucre, ajoutez la poudre d'amandes et les œufs entiers. Versez la crème d'amandes dans le moule et déposez les poires dessus.
6. Enfournez pour 30 minutes de cuisson.
7. Dans une poêle, faites dorer à sec les amandes effilées en surveillant bien leur coloration. Faites tiédir la gelée de coing, dans une casserole ou au micro-ondes. Lorsque la tarte est cuite, sortez-la du four et badigeonnez-la de gelée, à l'aide d'un pinceau. Parsemez d'amandes effilées et laissez refroidir.

TARTE AUX NOIX *étoilée*

POUR 6 À 8 PERSONNES
PRÉPARATION : 30 MIN
REPOS : 1 H
CUISSON : 30 MIN

125 g de cerneaux de noix
2 œufs
100 g de crème fraîche
80 g de sucre

Pâte :
300 g de farine + un peu pour le plan de travail
1 œuf
1 cuillerée à café de vanille en poudre
200 g de beurre + 1 noix pour le moule
80 g de sucre glace

Glaçage :
50 g de sucre glace
1 cuillerée à soupe de jus de citron

1. Préparez la pâte : mettez la farine, le beurre en morceaux, le sucre glace et la vanille dans le bol d'un robot. Mixez jusqu'à ce que le mélange soit sableux, ajoutez l'œuf et mixez jusqu'à ce que la pâte forme une boule. Mettez-la au frais 1 heure.
2. Préchauffez le four à 180 °C (th. 6).
3. Battez les 2 œufs avec le sucre, ajoutez la crème fraîche et les noix concassées.
4. Étalez la pâte sur le plan de travail fariné puis mettez-la dans un moule à tarte beurré. Formez des étoiles dans les chutes de pâte avec un emporte-pièce et posez-les au fur et à mesure sur un morceau de papier sulfurisé. Piquez la pâte de quelques coups de fourchette et versez la préparation aux noix par-dessus.
5. Faites cuire dans le four pendant 30 minutes. Faites cuire les étoiles en même temps, mais seulement 12 minutes. Laissez tiédir la tarte et démoulez-la. Laissez refroidir les étoiles avant de les recouvrir du sucre glace mélangé au jus de citron, puis laissez sécher à l'air libre. Déposez-les sur la tarte au moment de servir.

GROS GÂTEAUX au chocolat

CHIFFON CAKE
façon forêt-noire

POUR 6 À 8 PERSONNES
PRÉPARATION : 30 MIN
CUISSON : 40 MIN

40 g de chocolat noir
50 g de cacao non sucré + 1 cuillerée à soupe pour la finition
3 cuillerées à soupe de cerises amarena + un peu de sirop
125 g de farine
1 sachet de levure chimique
5 œufs
300 g de crème fleurette
50 g d'huile végétale
1 noix de beurre pour le moule
170 g de sucre semoule
50 g de sucre glace
1 pincée de sel

1. Préchauffez le four à 160 °C (th. 5-6). Placez la grille dans le tiers inférieur du four.
2. Séparez les blancs des jaunes d'œufs dans deux grands saladiers. À l'aide d'une passoire, tamisez ensemble la farine et la levure. Râpez le chocolat.
3. Faites blanchir les jaunes d'œufs avec 100 g de sucre, puis incorporez successivement 6 cl d'eau, l'huile, le cacao et la farine tamisée. Mélangez jusqu'à l'obtention d'une pâte lisse et brillante, réservez.
4. Montez les blancs en neige. Lorsqu'ils sont mousseux, ajoutez le sel et la moitié du sucre restant. Continuez de battre les blancs, puis versez le reste de sucre. La meringue doit être lisse et brillante. Incorporez délicatement un tiers de la meringue dans le mélange précédent et remuez en douceur. Versez le reste de la meringue et mélangez de nouveau délicatement.
5. Versez la préparation aux trois quarts d'un moule carré ou rond de 20 cm à bord haut, au fond légèrement beurré. Égalisez le dessus avec une spatule et enfournez pour 40 minutes de cuisson. À la sortie du four, retournez le moule (sans démouler le cake) sur une grille et laissez complètement refroidir.
6. Préparez la crème : montez la crème fleurette en chantilly et ajoutez le sucre glace. Incorporez les copeaux de chocolat.
7. Lorsque le cake est bien froid, décollez-le délicatement avec la lame d'un couteau. Retournez-le sur un plat de présentation et coupez-le en son milieu dans le sens horizontal. Étalez la moitié de la crème au centre du premier morceau jusqu'à 5 cm du bord afin de conserver de la hauteur. Répartissez le sirop et les cerises sur les bords. Décorez le second morceau du reste de crème, ajoutez quelques cerises, puis reconstituez délicatement le gâteau. Conservez au frais jusqu'au service. Saupoudrez de cacao au dernier moment.

LAYER CAKE *au chocolat*

POUR 6 À 8 PERSONNES
PRÉPARATION : 1 H
RÉFRIGÉRATION : 1 H 15
CUISSON : 40 MIN

Gâteaux :
200 g de chocolat noir à pâtisser
200 g de farine
1 sachet de levure chimique
6 œufs
200 g de beurre + 30 g pour les moules
200 g de sucre en poudre

Glaçage au chocolat :
200 g de chocolat noir à pâtisser
40 g de cacao
8 cl d'eau bouillante
200 g de beurre à température ambiante
200 g de sucre glace
1 pincée de sel

1. Préchauffez le four à 180 °C (th. 6).
2. Préparez les gâteaux : beurrez et chemisez de papier sulfurisé trois moules de 16 cm de diamètre. Faites fondre le beurre et le chocolat au bain-marie, lissez la préparation et laissez refroidir.
3. Séparez les blancs des jaunes d'œufs. Ajoutez dans le chocolat les jaunes, le sucre puis la farine et la levure tamisées ensemble. Mélangez bien entre chaque ajout. Battez les blancs en neige ferme et incorporez-les délicatement à la préparation.
4. Répartissez la pâte dans les moules et enfournez 30 minutes. Vérifiez la cuisson en piquant les gâteaux avec la lame d'un couteau : elle doit ressortir propre. Laissez tiédir les gâteaux 10 minutes, puis démoulez sur une grille, retirez le papier sulfurisé et laissez-les refroidir.
5. Réalisez le glaçage : délayez le cacao dans l'eau bouillante et réservez. Faites fondre le chocolat au bain-marie et laissez tiédir. Dans le bol d'un robot, fouettez le beurre mou, le sucre glace et la pincée de sel jusqu'à ce que le mélange blanchisse. Incorporez le chocolat fondu puis le cacao et mélangez. Continuez de fouetter le mélange pendant 2 à 3 minutes, jusqu'à ce que le glaçage devienne bien crémeux. Réservez 15 minutes au réfrigérateur.
6. Égalisez la surface des gâteaux avec un couteau à génoise. Placez l'un des gâteaux sur un plat de service et étalez un cinquième du glaçage sur toute sa surface. Répétez l'opération avec un deuxième gâteau et un cinquième du glaçage. Disposez le troisième gâteau sur le dessus, et recouvrez-le ainsi que les bords d'une fine couche de glaçage. Lissez bien puis réservez le gâteau 1 heure au réfrigérateur.
7. Transférez le reste du glaçage dans une poche munie d'une douille lisse de 10 mm et dressez de petites noix de glaçage en lignes successives, sur les bords et le dessus du gâteau. Étalez-les à l'aide d'une petite cuillère. Réservez au frais jusqu'au moment de servir.

GÂTEAU MAGIQUE
au chocolat

POUR 6 PERSONNES
PRÉPARATION : 30 MIN
CUISSON : 55 MIN
REPOS : 6 H

45 g de cacao amer
70 g de farine + 1 cuillerée à soupe pour le moule
4 œufs
50 cl de lait entier
1 cuillerée à soupe d'eau froide
quelques gouttes de jus de citron
125 g de beurre demi-sel + 1 noix pour le moule
150 g de sucre en poudre

1. Préchauffez le four à 150 °C (th. 5).
2. Faites fondre le beurre dans une casserole et laissez-le tiédir. Faites chauffer le lait. Battez les jaunes d'œufs avec le sucre et la cuillerée à soupe d'eau. Mélangez jusqu'à ce que le mélange blanchisse. Ajoutez le beurre fondu et continuez de battre. Versez la farine en pluie. Ajoutez le cacao amer et versez le lait. Mélangez bien.
3. Montez les blancs en neige avec quelques gouttes de jus de citron. Incorporez-les petit à petit et délicatement. Fouettez doucement jusqu'à ce que la pâte soit homogène.
4. Versez la préparation dans le moule préalablement beurré et fariné. Enfournez pour 50 à 55 minutes de cuisson, en pensant à surveiller.
5. Laissez le gâteau refroidir et placez-le au réfrigérateur avant de le démouler.

RED VELVET

POUR 6 À 8 PERSONNES
PRÉPARATION : 45 MIN
CUISSON : 50 MIN

Génoise au chocolat :
300 g de chocolat noir
30 g de cacao amer
150 g de farine + 1 cuillerée à soupe pour le moule
8 œufs
quelques gouttes de colorant rouge
50 g de beurre + 1 noix pour le moule
200 g de sucre en poudre

Glaçage et décoration :
400 g de sucre glace
2 blancs d'œufs
le jus d'½ citron
1 boîte de Smarties®

1. Cassez le chocolat en morceaux dans un saladier. Ajoutez le beurre coupé en dés. Faites fondre au bain-marie. Mélangez jusqu'à obtenir une préparation lisse. Laissez refroidir.
2. Cassez les œufs dans une jatte. Placez le récipient sur le bain-marie frémissant. Ajoutez le sucre et fouettez à l'aide d'un batteur électrique jusqu'à ce que le mélange double de volume et fasse le ruban (comptez 12 minutes environ).
3. Ajoutez la farine et le cacao tamisés sur les œufs, en trois fois. Mélangez bien entre chaque ajout. Incorporez cette préparation au chocolat fondu puis ajoutez le colorant.
4. Préchauffez le four à 180 °C (th. 6).
5. Versez la pâte dans un moule beurré et fariné à bords hauts. Enfournez pour 35 à 40 minutes. Pour vérifier la cuisson, plantez la lame d'un couteau au centre du gâteau : elle doit ressortir sèche.
6. Laissez tiédir le gâteau à la sortie du four puis démoulez-le sur une grille pour qu'il refroidisse.
7. Préparez le glaçage : mélangez le sucre glace avec les blancs d'œufs à la spatule, jusqu'à l'obtention d'une crème blanche. Incorporez le jus de citron et remuez rapidement pendant 10 secondes. Si le glaçage est trop épais, ajoutez un peu de jus de citron.
8. Coupez le gâteau en trois disques égaux. Reformez-le après avoir étalé une couche régulière de glaçage sur deux des trois disques. Placez le gâteau ainsi reconstitué sur une grille au-dessus d'un plat. Répartissez le reste du glaçage sur le gâteau de façon à le recouvrir complètement. Lissez soigneusement la surface et les côtés à l'aide d'une palette. Laissez refroidir puis disposez les fleurs de Smarties®. Commencez par le cœur et ajoutez les pétales tout autour en jouant avec les couleurs.

GÂTEAU AU CHOCOLAT *au micro-ondes*

POUR 6 À 8 PERSONNES
PRÉPARATION : 1 H
REPOS : 5 H
CUISSON : 20 MIN

Gâteau au chocolat :
390 g de chocolat
240 g de farine
1 sachet de levure chimique
9 œufs
6 cuillerées à soupe de crème épaisse
300 g de beurre
300 g de sucre
1 pincée de sel

Ganache au chocolat :
120 g de chocolat noir
130 g de crème épaisse

Ganache de couverture :
200 g de chocolat noir
200 g de crème épaisse
2 œufs

Finition :
10 bouchées au chocolat

1. Préparez le gâteau : mettez le chocolat à fondre avec le beurre au micro-ondes. Lorsque le chocolat est totalement fondu, incorporez la crème. Dans un saladier, fouettez les œufs et le sucre, jusqu'à ce que le mélange blanchisse. Incorporez la farine et la levure tamisées ensemble ainsi que le sel. Ajoutez le mélange au chocolat.
2. Divisez la pâte en trois parts égales. Versez la première dans un moule en silicone de 20 cm de diamètre. Mettez à cuire 5 minutes à puissance moyenne. Contrôlez la cuisson : si le gâteau n'est pas assez cuit, poursuivez par tranches de 30 secondes. Démoulez et laissez refroidir sur une grille. Recommencez deux autres fois afin d'obtenir 3 gâteaux.
3. Lorsque les gâteaux ont totalement refroidi, préparez la première ganache. Mettez le chocolat à fondre avec un peu de crème. Lorsque le mélange est homogène, ajoutez le reste de crème.
4. Superposez les 3 gâteaux tartinés de ganache dans un cercle à entremets haut, chemisé de papier sulfurisé. Placez au frais 1 heure minimum.
5. Pour réaliser la ganache de couverture, mettez le chocolat à fondre avec un peu de crème. Lorsque le mélange est homogène, ajoutez le reste de crème. Quand la ganache à refroidi, incorporez les jaunes d'œufs puis les blancs montés en neige. Démoulez sur un plat de service et nappez le gâteau de ganache. Placez 4 heures au frais.
6. Au moment de servir, décorez le dessus du gâteau de petites bouchées au chocolat.

GÂTEAU AU CHOCOLAT
et au beurre de cacahuète

POUR 6 À 8 PERSONNES
PRÉPARATION : 40 MIN
CUISSON : 35 MIN

200 g de chocolat noir à pâtisserie
50 g de cerneaux de noix
200 g de farine + 2 cuillerées à soupe pour les moules
1 sachet de levure chimique
6 œufs
10 cl de lait
150 g de beurre demi-sel + 2 noix pour les moules
150 g de sucre

Garniture :
250 g de beurre de cacahuète
100 g de beurre doux
100 g de sucre glace

1. Préchauffez le four à 180 °C (th. 6).
2. Cassez le chocolat dans un saladier, puis ajoutez le beurre coupé en dés. Faites-les fondre sur un bain-marie frémissant, jusqu'à obtenir une préparation lisse.
3. Fouettez les œufs et le sucre jusqu'à ce que le mélange devienne pâle et mousseux.
4. Ajoutez le lait et le mélange beurre-chocolat, mélangez. Incorporez enfin la farine et la levure tamisées ensemble, puis les noix concassées.
5. Versez la pâte dans deux moules ronds 20 cm de diamètre, beurrés et farinés. Enfournez et laissez cuire 25 à 30 minutes. Vérifiez la cuisson en enfonçant la lame d'un couteau : elle doit ressortir sèche. Laissez refroidir les gâteaux avant de les démouler.
6. Préparez la garniture : à l'aide d'un batteur électrique, fouettez les deux beurres et le sucre, pendant 2 à 3 minutes, jusqu'à obtention d'un mélange aérien.
7. Posez le premier gâteau sur un plat de service, tartinez-le de la moitié de la crème au beurre, recouvrez avec le second gâteau et étalez le reste de crème au beurre, à l'aide d'une grande spatule. Réservez au frais jusqu'au moment de servir.

GÂTEAU *tout chocolat*

POUR 6 PERSONNES
PRÉPARATION : 30 MIN
RÉFRIGÉRATION : 2 H
CUISSON : 30 MIN

Gâteau :
125 g de chocolat noir
3 cuillerées à soupe de farine
4 œufs
50 g de beurre
90 g de sucre glace
sel

Ganache :
200 g de chocolat noir de couverture
25 cl de crème liquide

1. Préparez le gâteau : cassez le chocolat en morceaux dans un saladier, ajoutez le beurre en parcelles et faites fondre sur un bain-marie frémissant. Mélangez jusqu'à obtenir une crème lisse.
2. Séparez les jaunes des blancs d'œufs. Ajoutez les jaunes un à un dans le chocolat tiède et mélangez. Incorporez le sucre glace, puis la farine, et mélangez. Fouettez les blancs en neige avec une pincée de sel. Incorporez-les délicatement à la préparation précédente.
3. Préchauffez le four à 180 °C (th. 6).
4. Chemisez un moule à manqué de papier sulfurisé. Versez-y la préparation. Faites cuire 25 minutes. Laissez refroidir.
5. Préparez la ganache : cassez le chocolat en morceaux dans un saladier. Portez la crème à ébullition. Versez-la sur le chocolat, attendez 5 minutes puis mélangez en fouettant.
6. Démoulez le gâteau, coupez-le en deux dans la hauteur et tartinez-le de la moitié de la ganache. Recouvrez de l'autre moitié du gâteau. Étalez le reste de la ganache sur le gâteau et lissez avec une spatule métallique. Placez au réfrigérateur pour 2 heures avant de déguster. Servez avec un peu de crème fouettée.

GÂTEAU GÉANT *au chocolat*

POUR 6 À 8 PERSONNES
PRÉPARATION : 15 MIN
CUISSON : 30 MIN

Gâteaux :
225 g de chocolat noir
120 g de farine + 3 cuillerées à soupe pour les moules
6 gros œufs
300 g de beurre à température ambiante + 3 noix pour les moules
120 g de sucre en poudre
sel

Glaçage :
300 g de chocolat à pâtisserie
100 g de beurre

1. Préchauffez le four à 150 °C (th. 5).
2. Beurrez trois moules à manqué et poudrez-les de farine.
3. Cassez les œufs en séparant les blancs des jaunes. Faites fondre le chocolat au micro-ondes ou au bain-marie. Fouettez le beurre avec le sucre jusqu'à ce que le mélange blanchisse, puis incorporez le chocolat fondu, la farine et les jaunes d'œufs. Montez les blancs en neige avec une pincée de sel. Incorporez-les délicatement à la préparation.
4. Répartissez la pâte dans les trois moules. Enfournez pour 20 minutes de cuisson. Laissez les gâteaux refroidir complètement avant de les démouler.
5. Préparez le glaçage : faites fondre le chocolat cassé en morceaux au bain-marie avec le beurre. Mélangez jusqu'à obtenir une préparation lisse, puis versez le glaçage sur chaque gâteau et lissez à la spatule métallique. Laissez prendre le glaçage avant de superposer les trois gâteaux.

GÂTEAU AU CHOCOLAT *et son coulis*

POUR 6 À 8 PERSONNES
PRÉPARATION : 20 MIN
CUISSON : 55 MIN

85 g de cacao en poudre non sucré
1 cuillerée à café de mélange spécial pain d'épices (girofle, cannelle, badiane, vanille…)
250 g de farine + 2 cuillerées à soupe pour le moule
1 sachet de levure
4 œufs
20 cl de lait
5 cl d'expresso bien fort
150 g de beurre mou + 20 g pour le moule
125 g de crème fraîche épaisse
250 g de sucre

Coulis de chocolat :
200 g de chocolat noir
40 g de beurre
1 cuillerée à soupe de sucre glace

1. Préchauffez le four à 200 °C (th. 6-7).
2. Beurrez et farinez un moule en forme de couronne.
3. Dans un saladier, tamisez ensemble la farine, le cacao, les épices et la levure. Dans un autre saladier, fouettez vivement les œufs entiers avec le sucre et le beurre jusqu'à ce que le mélange ait une consistance lisse et crémeuse. Incorporez alors progressivement le mélange de farine, puis la crème fraîche, le café et le lait. Mélangez sans trop travailler jusqu'à l'obtention d'une pâte homogène.
4. Versez la pâte dans le moule, lissez la surface et enfournez. Faites cuire 10 minutes puis baissez le thermostat à 150 °C (th. 5) et poursuivez la cuisson 40 minutes. Vérifiez la cuisson avec la lame d'un couteau : elle doit ressortir sèche. Sortez le gâteau du four et laissez-le refroidir 10 minutes avant de démouler sur une grille.
5. Préparez le coulis de chocolat : cassez le chocolat en morceaux dans un saladier. Ajoutez le beurre coupé en dés et posez le tout sur un bain-marie frémissant. Faites fondre doucement en mélangeant. Ajoutez le sucre glace à la fin et mélangez à nouveau pour bien l'incorporer.
6. Versez le coulis de chocolat sur le gâteau encore tiède. Laissez refroidir avant de déguster.

GÂTEAU NAPPÉ *au chocolat*

POUR 6 PERSONNES
PRÉPARATION : 25 MIN
CUISSON : 40 MIN

300 g de chocolat noir de couverture
100 g de poudre d'amandes
6 œufs
100 g de beurre
1 noix de beurre pour le moule
100 g de sucre

Glaçage :
100 g de chocolat noir de couverture
30 g d'amandes grillées hachées pour la décoration
20 g de beurre
3 cuillerées à soupe de crème épaisse

1. Préchauffez le four à 180 °C (th. 6).
2. Beurrez un moule à gâteau. Séparez les blancs des jaunes d'œufs. Cassez le chocolat en morceaux et faites-le fondre au bain-marie. Ajoutez le sucre et le beurre coupé en petits dés. Mélangez jusqu'à obtenir une consistance lisse. Hors du feu, incorporez les jaunes d'œufs et mélangez soigneusement.
3. Montez les blancs en neige ferme. Incorporez la poudre d'amandes dans l'appareil au chocolat, puis les blancs en soulevant délicatement la masse avec une spatule. Versez la pâte dans le moule et faites cuire pendant 35 à 40 minutes. Laissez le gâteau refroidir avant de le démouler.

GÂTEAU AU CHOCOLAT
et au vinaigre de framboises

POUR 6 PERSONNES
PRÉPARATION : 15 MIN
CUISSON : 45 À 50 MIN

100 g de chocolat noir
30 g de poudre de cacao
4 cl de vinaigre de framboises
8 framboises pour la décoration
70 g de gelée de framboise
300 g de farine + 1 cuillerée à soupe pour le moule
1 sachet de levure chimique
4 œufs
1 gousse de vanille
le zeste râpé d'1 orange (non traitée)
250 g de beurre mou
1 noix de beurre pour le moule
200 g de sucre
1 pincée de sel

1. Préchauffez le four à 180 °C (th. 6). Dans un grand saladier, fouettez les œufs avec le sucre, le sel, les graines de la gousse de vanille et le beurre jusqu'à consistance mousseuse. Ajoutez la farine, le cacao et la levure tamisés ensemble, mélangez soigneusement. Faites fondre le chocolat au bain-marie. Incorporez le zeste d'orange et le vinaigre, mélangez jusqu'à obtenir une préparation lisse, puis versez-la dans la pâte et mélangez de nouveau.

2. Beurrez et farinez un moule à kouglof. Versez la pâte et enfournez pour 45 à 50 minutes. Retournez le gâteau sur une grille et laissez-le refroidir.

3. Faites doucement chauffer la gelée de framboise dans une casserole, jusqu'à ce qu'elle soit liquide. Versez-la sur le gâteau et laissez refroidir. Au moment de servir, décorez le dessus avec des framboises.

GÂTEAU AU CHOCOLAT *meringué*

POUR 6 À 8 PERSONNES
PRÉPARATION : 15 MIN
CUISSON : 40 À 55 MIN

50 g de poudre de cacao
110 g de farine
50 g de fécule de maïs
½ sachet de levure chimique
3 gros œufs
5,5 cl de lait entier
150 g de beurre ramolli + 1 noix pour le moule
150 g de sucre en poudre

Meringue :
2 blancs d'œufs
1 pincée de crème de tartre (facultatif)
110 g de sucre en poudre
1 pincée de sel

1. Préchauffez le four à 180 °C (th. 6).
2. Garnissez un moule à cake de papier sulfurisé beurré. Dans une jatte, mélangez au fouet la farine, la fécule, le cacao et la levure (tamisés ensemble), le sucre, le beurre et les œufs jusqu'à obtenir une consistance lisse. Ajoutez le lait et fouettez jusqu'à ce qu'il soit bien incorporé.
3. Versez la pâte dans le moule et faites cuire au four pendant 30 à 40 minutes. Une lame de couteau plantée au centre doit ressortir propre. Sortez le gâteau du four et laissez-le refroidir.
4. Préparez la meringue : baissez la température du four à 120 °C (th. 4). Battez les blancs d'œufs en neige avec une pincée de sel jusqu'à formation de pics mous. Ajoutez la crème de tartre et commencez à incorporer le sucre, une cuillerée après l'autre, en fouettant bien entre chaque ajout, jusqu'à ce que la meringue soit épaisse et brillante. Versez dans une poche munie d'une douille lisse.
5. Déposez le gâteau sur une plaque de cuisson. Décorez toute la surface de meringue en formant des pics. Enfournez et faites cuire 10 à 15 minutes, en surveillant bien la coloration.
6. Sortez le gâteau du four et laissez refroidir avant de servir.

GÂTEAU chocolat-framboises

POUR 6 À 8 PERSONNES
PRÉPARATION : 20 MIN
RÉFRIGÉRATION : 3 H
CUISSON : 10 MIN

Gâteau :
250 g de chocolat noir à pâtisserie
200 g d'amaretti
6 jaunes d'œufs
10 cl de lait
4 feuilles de gélatine (8 g)
50 cl de crème liquide
175 g de sucre

Finition :
200 g de chocolat noir
1 cuillerée à soupe de cacao amer
100 g de framboises fraîches
50 g de beurre
1 cuillerée à soupe de sucre glace

1. Faites ramollir la gélatine dans de l'eau froide. Cassez le chocolat dans une casserole. Ajoutez le lait et faites fondre à feu doux en remuant régulièrement jusqu'à obtenir une préparation lisse. Retirez du feu et ajoutez les jaunes d'œufs puis le sucre en fouettant sans arrêt.
2. Remettez sur feu doux et faites cuire 5 minutes sans cesser de fouetter. Retirez du feu, ajoutez la gélatine essorée et mélangez pour la faire fondre. Laissez refroidir. Montez la crème bien froide en chantilly. Quand elle est bien ferme, incorporez-la délicatement au chocolat.
3. Chemisez un moule à manqué de papier sulfurisé. Remplissez-le en alternant la préparation au chocolat et les amaretti. Placez au frais pendant au moins 2 heures.
4. Lorsque le gâteau est bien froid, démoulez-le sur une grille posée sur un plat. Faites fondre au bain-marie le chocolat avec le beurre et mélangez jusqu'à obtenir une préparation lisse et brillante. Versez le chocolat sur le gâteau, puis étalez-le sur le dessus et sur les côtés avec une spatule. Remettez 1 heure au frais.
5. Juste avant de servir, saupoudrez le dessus du gâteau de cacao, en utilisant une petite passoire. Répartissez les framboises harmonieusement et saupoudrez de sucre glace. Dégustez sans attendre.

GÂTEAU AU CHOCOLAT et aux fruits rouges

POUR 6 À 8 PERSONNES
PRÉPARATION : 1 H
CUISSON : 40 MIN

150 g de chocolat noir pâtissier
125 g de farine + 1 cuillerée à soupe pour le moule
1 sachet de levure chimique
4 œufs
125 g de beurre + 1 noix pour le moule
125 g de sucre

Garniture :
500 g de fruits rouges
250 g de chocolat noir
100 g de crème liquide entière
sucre glace

Chantilly :
250 g de mascarpone
250 g de crème liquide entière
100 g de sucre glace

1. Préchauffez le four à 180 °C (th. 6).
2. Cassez le chocolat dans un bol et ajoutez le beurre coupé en dés. Posez le tout sur un bain-marie frémissant et faites fondre en mélangeant jusqu'à obtenir une préparation lisse.
3. Ajoutez les jaunes d'œufs un à un puis la farine et la levure tamisées ensemble. Incorporez enfin les blancs d'œufs battus en neige, en soulevant délicatement la masse avec une spatule.
4. Versez la préparation dans un moule à manqué beurré et fariné. Enfournez pour 30 minutes de cuisson. Laissez tiédir à la sortie du four avant de démouler le gâteau sur une grille.
5. Préparez la ganache : cassez le chocolat en morceaux dans un saladier. Faites chauffer la crème dans une petite casserole et versez-la sur le chocolat. Mélangez jusqu'à obtenir une ganache lisse.
6. Réalisez la chantilly : dans un saladier, mélangez le mascarpone avec la crème bien froide et le sucre glace. Fouettez le mélange au batteur électrique, jusqu'à obtenir une crème légère. Transférez dans une poche munie d'une grosse douille cannelée. Lavez et séchez délicatement les fruits rouges.
7. Une fois le biscuit refroidi, coupez-le en deux horizontalement. Posez le premier disque sur un plat de service, étalez un peu de ganache sur toute la surface, puis ajoutez quelques fruits rouges au centre. Entourez-les d'un cordon épais de crème Chantilly. Posez l'autre disque par-dessus, étalez le reste de ganache et disposez le reste de fruits. Saupoudrez de sucre glace et réservez au frais jusqu'au moment de servir.

ROYAL

POUR 6 PERSONNES
PRÉPARATION : 1 H
CONGÉLATION : 10 MIN
CUISSON : 20 À 25 MIN
RÉFRIGÉRATION : 24 H

Craquant :
50 g de chocolat au lait
50 g de pâte de pralin
50 g de pâte de noisettes
50 g de Gavottes® (crêpes dentelle)

Dacquoise :
50 g de poudre d'amandes
20 g de poudre de noisettes
85 g de blancs d'œufs
100 g de sucre glace
50 g de sucre en poudre

Chantilly au chocolat :
125 g de chocolat noir
30 cl de crème liquide entière
6 cl de lait entier

Finition :
3 cuillerées à soupe de cacao en poudre

1. Réalisez le craquant : faites fondre le chocolat au bain-marie. Écrasez les Gavottes® au rouleau à pâtisserie. Dans un bol, mélangez les pâtes de pralin et de noisettes avec les Gavottes®. Ajoutez le chocolat fondu et mélangez.
2. Posez un cercle à pâtisserie de 22 cm de diamètre sur une plaque recouverte de papier sulfurisé. Versez le mélange dans le cercle. Placez 10 minutes au congélateur.
3. Préparez la dacquoise : tamisez ensemble le sucre glace avec les poudres d'amandes et de noisettes. Montez les blancs en neige avec le sucre en poudre jusqu'à ce qu'ils soient fermes. Incorporez délicatement le mélange de sucre glace et de poudres.
4. Préchauffez le four à 170 °C (th. 5-6).
5. Versez la pâte dans un autre cercle à pâtisserie de 22 cm de diamètre posé sur une plaque tapissée de papier sulfurisé. Faites cuire 20 à 25 minutes au four. À la sortie du four, découpez le biscuit qui dépasse du cercle, réservez.
6. Réalisez la chantilly au chocolat : fouettez la crème bien froide en chantilly. Faites fondre le chocolat cassé en morceaux au bain-marie. Portez le lait à ébullition et versez-le aussitôt sur le chocolat fondu, mélangez et lissez. Laissez tiédir puis ajoutez la chantilly et mélangez vivement à la spatule.
7. Procédez au montage : garnissez le cercle contenant la dacquoise avec la moitié de la chantilly au chocolat. Déposez le craquant aux Gavottes® et recouvrez de chantilly jusqu'au bord. Placez 24 heures au frais.
8. Au moment de servir, retirez délicatement le cercle et saupoudrez de cacao en poudre.

FORÊT-NOIRE

POUR 6 PERSONNES
PRÉPARATION : 1 H 30
CUISSON : 40 MIN
RÉFRIGÉRATION : 2 H

Biscuits au chocolat :
25 g de cacao en poudre non sucré
90 g de farine
90 g de blancs d'œufs
90 g de jaunes d'œufs
110 g de sucre en poudre

Crème légère à la vanille :
250 g de crème liquide
¼ de gousse de vanille
12 g de fécule de maïs
30 g de jaunes d'œufs
125 g de lait
5 g de gélatine
30 g de sucre en poudre

Mousse au chocolat noir :
60 g de chocolat noir
120 g de crème liquide entière

Sirop de punchage :
200 g de cerises amarena
5 cuillerées à soupe de jus de cerises amarena
2 cuillerées à soupe d'eau
½ cuillerée à café de kirsch

1. Réalisez les biscuits : préchauffez le four à 180 °C (th. 6). Montez les blancs en neige avec le sucre, puis ajoutez les jaunes. Tout en mélangeant délicatement, ajoutez la farine et le cacao tamisés. Avec une poche munie d'une douille de 10 mm, dressez 2 rectangles de 20 cm de côté, sur une plaque recouverte de papier sulfurisé. Enfournez pour 15 minutes, puis laissez refroidir.

2. Préparez la crème : faites ramollir la gélatine dans un bol d'eau froide. Faites chauffer le lait dans une casserole avec la gousse de vanille fendue en deux. Dans un saladier, fouettez les jaunes d'œufs et le sucre jusqu'à ce que le mélange blanchisse. Ajoutez la fécule et mélangez. Versez un peu de lait chaud, sans cesser de fouetter. Reversez le tout dans la casserole et faites chauffer sur feu moyen, sans cesser de mélanger. Retirez du feu à la première ébullition. Ajoutez la gélatine essorée et mélangez jusqu'à dissolution complète. Filmez au contact et laissez refroidir. Fouettez la crème bien froide en chantilly ferme. Incorporez-la à la crème refroidie en mélangeant délicatement.

3. Préparez la mousse au chocolat : faites bouillir la moitié de la crème et versez-la sur le chocolat cassé en morceaux dans un saladier. Mélangez et laissez refroidir. Montez le reste de crème bien froide en chantilly et ajoutez-la délicatement au chocolat.

4. Réalisez le sirop : faites bouillir l'eau et le jus des cerises. Laissez refroidir et ajoutez le kirsch.

5. Procédez au montage : placez un biscuit au fond d'un cadre à entremets (au besoin, retaillez-le au couteau). Imbibez-le de sirop à l'aide d'un pinceau. Disposez harmonieusement les cerises puis recouvrez de crème. Déposez le second disque imbibé de sirop. Transférez la mousse au chocolat dans une poche munie d'une douille lisse et dressez-la sur le gâteau en lignes successives. Réservez au moins 2 heures au frais.

6. Au moment de servir, retirez délicatement le cadre. Saupoudrez le dessus du gâteau d'un voile de cacao, décorez d'un peu de crème, d'une cerise ou d'un copeau de chocolat.

FORÊT-NOIRE *au chocolat blanc*

POUR 6 À 8 PERSONNES
PRÉPARATION : 1 H 30
RÉFRIGÉRATION : 3 H
CUISSON : 25 MIN

Biscuit et crème :
160 g de chocolat blanc pâtissier
180 g de farine + 2 cuillerées à soupe pour les moules
1 sachet de levure chimique
3 œufs
180 g de crème liquide entière
20 g de beurre pour les moules
50 g de sucre

Ganache au chocolat :
200 g de chocolat blanc pâtissier
300 g de crème liquide entière

Chantilly au mascarpone :
300 g de crème liquide bien froide
150 g de mascarpone
3 cuillerées à soupe de sucre glace

Garniture :
300 g de cerises amarena au sirop
30 g de chocolat noir

1. Préparez la ganache : faites chauffer la moitié de la crème liquide et versez-la sur le chocolat blanc râpé. Mélangez puis ajoutez la crème restante. Mélangez à nouveau jusqu'à obtenir une préparation homogène. Réservez au réfrigérateur 1 heure.

2. Préparez le biscuit : faites chauffer la crème dans une petite casserole. Hors du feu, ajoutez le chocolat blanc haché et mélangez jusqu'à obtenir une crème lisse. Séparez les blancs des jaunes d'œufs. Fouettez les jaunes avec le sucre jusqu'à ce que le mélange blanchisse. Ajoutez-les au chocolat, puis incorporez la farine et la levure tamisées ensemble. Battez les blancs en neige. Incorporez-les délicatement à la préparation.

3. Préchauffez le four 180 °C (th. 6). Beurrez et farinez deux moules à manqué de 16 cm de diamètre. Répartissez la pâte dans les moules, enfournez et faites cuire 20 minutes. Vérifiez la cuisson en enfonçant la lame d'un couteau : elle doit ressortir sèche. Laissez tiédir les génoises avant de les démouler sur une grille.

4. Préparez la chantilly : fouettez le mascarpone et la crème bien froide en chantilly. Incorporez le sucre glace. Réservez au frais.

5. Fouettez la ganache au chocolat au batteur, jusqu'à obtenir une consistance légère et aérienne.

6. Procédez au montage : coupez les génoises en deux horizontalement. Posez un premier disque sur un plat, imbibez-le du jus des cerises à l'aide d'un pinceau, puis tartinez-le de ganache. Ajoutez quelques cerises puis recouvrez d'un autre disque de génoise. Procédez de même pour chaque étage du gâteau. Étalez une fine couche de chantilly sur toute la surface du gâteau. Transférez le reste dans une poche munie d'une douille cannelée puis décorez le dessus et la base du gâteau. Disposez quelques cerises et râpez un peu de chocolat noir dessus. Réservez 2 heures au frais avant de servir.

OMELETTE *norvégienne*

POUR 6 PERSONNES
PRÉPARATION : 45 MIN
CUISSON : 45 MIN

Génoise :
1 cuillerée à soupe de cacao non sucré
100 g de farine + 2 cuillerées à soupe pour le moule
½ sachet de levure chimique
3 œufs
50 g de beurre + 1 noix pour le moule
100 g de sucre
sel

Glace :
1 litre de glace vanille-caramel (ou tiramisu, ou brownie)

Meringue :
1 cuillerée à café de cacao non sucré
2 blancs d'œufs
7 cl d'eau
100 g de sucre
30 g de sucre glace

1. Préchauffez le four à 180 °C (th. 6).
2. Préparez la génoise : faites fondre le beurre et laissez-le tiédir. Cassez les œufs en séparant les blancs des jaunes. Fouettez les jaunes avec le sucre, jusqu'à ce que le mélange blanchisse. Placez la préparation sur un bain-marie frémissant et fouettez jusqu'à ce que le mélange double de volume. Retirez du feu et continuez à fouetter. Ajoutez la farine, le cacao et la levure tamisés ensemble, ainsi qu'une pincée de sel. Incorporez le beurre fondu, tout en mélangeant, ainsi que les blancs d'œufs montés en neige.
3. Beurrez et farinez un moule à manqué puis versez-y la pâte. Enfournez et faites cuire 20 minutes. Laissez refroidir et démoulez. Coupez le dessus de la génoise pour avoir une surface bien plane, détaillez un disque de 18 cm de diamètre à l'aide d'un emporte-pièce. Recouvrez d'un dôme de glace. Placez au congélateur.
4. Préparez la meringue : versez le sucre et l'eau dans une casserole et faites-les chauffer jusqu'à obtention d'un sirop épais. Pendant ce temps, montez les blancs en neige, puis versez le sirop en filet, en fouettant sans arrêt, et ce jusqu'à complet refroidissement. Ajoutez le cacao à la fin et mélangez très légèrement afin d'obtenir des stries dans la meringue.
5. Allumez le four en position gril. Sortez le gâteau du congélateur. Étalez la meringue sur toute la surface à l'aide d'une spatule, en formant un cône. Saupoudrez-la de sucre glace et enfournez immédiatement pour faire colorer la surface. Servez dès la sortie du four.

CHARLOTTE *au chocolat*

POUR 6 À 8 PERSONNES
PRÉPARATION : 20 MIN
CUISSON : 5 MIN
RÉFRIGÉRATION : 3 H

200 g de chocolat noir
20 biscuits à la cuillère
6 œufs
5 cl de jus d'orange
20 g de beurre doux
sel

1. Faites fondre le chocolat coupé en morceaux ainsi que le beurre, dans un saladier posé sur une casserole d'eau frémissante, et mélangez jusqu'à obtention d'une pâte lisse. Laissez tiédir.
2. Séparez les blancs des jaunes d'œufs. Ajoutez les jaunes un à un dans le chocolat et mélangez. Montez les blancs en neige avec une pincée de sel et incorporez-les délicatement à la préparation précédente.
3. Chemisez un moule à charlotte de film alimentaire. Versez le jus d'orange dans une assiette creuse. Trempez-y rapidement les biscuits et disposez-les sur les parois du moule à charlotte. Puis, versez la mousse au chocolat.
4. Placez la charlotte au frais pendant au moins 3 heures. Démoulez-la sur un plat de service. Servez aussitôt.

CHARLOTTE AU CHOCOLAT BLANC *et aux oursons en guimauve*

POUR 6 À 8 PERSONNES
PRÉPARATION : 20 MIN
CUISSON : 5 MIN
RÉFRIGÉRATION : 6 H

300 g de chocolat blanc à pâtisser
20 oursons en guimauve
20 g de chocolat noir
1 cuillerée à soupe de noix de coco râpée
5 œufs
50 cl de crème liquide entière
3 cuillerées à café de sucre en poudre

1. Faites fondre le chocolat blanc et 10 cl de crème à feu très doux dans un récipient posé sur un bain-marie, puis retirez du feu. Versez le reste de crème dans un cul-de-poule et placez-le au congélateur.
2. Cassez les œufs en séparant les blancs des jaunes. Mettez le sucre dans une petite casserole, ajoutez 1 cuillerée à soupe d'eau, portez à frémissement, puis retirez du feu et laissez refroidir 3 minutes. Pendant ce temps, battez les jaunes au fouet puis ajoutez le sirop en filet en continuant de fouetter très vivement jusqu'à ce que le mélange blanchisse et double de volume. Incorporez ensuite le chocolat blanc fondu et placez au frais.
3. Montez la crème placée au congélateur en chantilly, au fouet électrique, puis incorporez-la en trois fois au mélange jaunes-chocolat, en soulevant délicatement la masse. Replacez au frais.
4. Montez les blancs d'œufs en neige ferme et incorporez-les délicatement au mélange précédent. Versez la mousse obtenue dans un moule à manqué chemisé de papier sulfurisé et placez 6 heures au réfrigérateur.
5. Au moment de servir, démoulez la mousse sur un plat. Mouillez à peine d'eau le dos des oursons en guimauve et collez-les tout autour. Faites des copeaux de chocolat avec un économe. Parsemez-en la mousse. Saupoudrez de noix de coco et servez.

GROS GÂTEAUX *crémeux*

GÂTEAU MAGIQUE
à la vanille

POUR 6 PERSONNES
PRÉPARATION : 30 MIN
CUISSON : 55 MIN
REPOS : 6 H

1 gousse de vanille
115 g de farine + 1 cuillerée à soupe pour le moule
4 œufs
50 cl de lait entier
1 cuillerée à soupe d'eau froide
quelques gouttes de jus de citron
125 g de beurre demi-sel + 1 noix pour le moule
150 g de sucre en poudre

1. Préchauffez le four à 150 °C (th 5).
2. Faites fondre le beurre dans une casserole et laissez-le tiédir. Ouvrez la gousse de vanille en deux et grattez-la pour prélever les grains. Faites chauffer le lait avec les grains et la gousse de vanille grattée. Battez les jaunes d'œufs avec le sucre et la cuillerée à soupe d'eau. Mélangez jusqu'à ce que le mélange blanchisse. Ajoutez le beurre fondu et continuez de battre. Versez la farine en pluie et le lait vanillé.
3. Montez les blancs en neige avec quelques gouttes de jus de citron. Incorporez-les petit à petit et délicatement. Fouettez doucement jusqu'à ce que la pâte soit homogène.
4. Versez la préparation dans le moule préalablement beurré et fariné. Enfournez pour 50 à 55 minutes de cuisson, sans oublier de surveiller.
5. Laissez le gâteau refroidir et placez-le au réfrigérateur avant de le démouler.

MISÉRABLE

POUR 6 PERSONNES
PRÉPARATION : 1 H
CUISSON : 20 MIN

Biscuit :
250 g de poudre d'amandes
25 g de farine
25 g de fécule de maïs
8 blancs d'œufs
250 g de sucre glace
50 g de sucre cristallisé

Crème au beurre :
2 œufs
300 g de beurre à température ambiante
250 g de sucre glace
1 gousse de vanille

Finition :
50 g de copeaux de noix de coco
sucre glace

1. Préchauffez le four à 190 °C (th. 6-7).
2. Dans un saladier, battez les blancs d'œufs en neige en ajoutant peu à peu le sucre cristallisé. Dans un second saladier, mélangez le sucre glace, la poudre d'amandes, la farine et la fécule. Incorporez délicatement le blanc d'œuf dans le mélange d'amandes jusqu'à l'obtention d'une pâte lisse et aérée.
3. Recouvrez un moule rond de papier sulfurisé et versez-y la pâte. Lissez la surface avec une spatule longue. Faites cuire ce biscuit 20 minutes au four.
4. Pendant ce temps, préparez la crème au beurre. Battez les œufs et le sucre glace au batteur électrique jusqu'à obtenir une masse très aérée. Grattez les graines de la gousse de vanille et ajoutez-les dans le mélange aux œufs. Ajoutez le beurre en petits cubes et mélangez le tout à petite vitesse jusqu'à l'obtention d'une crème lisse.
5. Sortez le biscuit aux amandes du four et laissez-le refroidir sur une grille. Quand il est refroidi, coupez le biscuit en deux parts égales et, sur l'une d'elles, étalez une couche épaisse de crème au beurre. Recouvrez avec l'autre moitié du biscuit. Saupoudrez de sucre glace et parsemez de copeaux de noix de coco. Réservez au frais jusqu'au moment de déguster.

GÂTEAU AU CARAMEL
et à la crème

POUR 6 À 8 PERSONNES
PRÉPARATION : 45 MIN
CUISSON : 50 MIN

Gâteau :
1 yaourt nature au lait entier (gardez le pot comme mesure)
3 pots de farine + 1 cuillerée à soupe pour le moule
½ sachet de levure
3 œufs
½ pot d'huile d'arachide
1 noix de beurre pour le moule
2 pots de sucre

Caramel :
200 g de sucre
2 cuillerées à soupe d'eau
20 cl de crème liquide entière
100 g de beurre
1 pincée de fleur de sel

Crème :
25 cl de crème liquide entière
50 g de sucre glace
1 cuillerée à café de cannelle

1. Pour réaliser le caramel, mélangez le sucre et l'eau dans une casserole. Posez sur feu vif et faites cuire, sans mélanger, jusqu'à obtenir un caramel ambré. Ajoutez le beurre hors du feu, la fleur de sel, puis la crème chaude. Mélangez sur feu doux jusqu'à obtenir une consistance homogène.
2. Préchauffez le four à 180 °C (th. 6).
3. Préparez le gâteau : dans un bol, mélangez successivement le yaourt, la farine, la levure, le sucre, l'huile et les œufs. Ajoutez le caramel au beurre salé. Mélangez soigneusement.
4. Versez la pâte dans un moule rond beurré et fariné. Faites cuire pendant environ 40 minutes. Laissez tiédir le gâteau à la sortie du four avant de le démouler sur une grille.
5. Montez la crème liquide bien froide en chantilly, à l'aide d'un batteur électrique. Ajoutez le sucre glace en fin de processus.
6. Lorsque le gâteau est bien froid, coupez-le en deux horizontalement. Posez la base sur un plat de service et étalez la moitié de la crème. Reposez le dessus du gâteau puis recouvrez du reste de crème. Saupoudrez de cannelle et réservez au frais jusqu'au moment de servir.

GÂTEAU MOELLEUX
à la crème au beurre

POUR 6 PERSONNES
PRÉPARATION : 45 MIN
CUISSON : 45 MIN

140 g de fécule de maïs
60 g de farine
6 œufs entiers
1 noix de beurre pour le moule
200 g de sucre
1 sachet de sucre vanillé
quelques perles en sucre argentées pour la finition

Crème au beurre :
2 œufs
10 cl d'eau
5 g d'extrait de vanille
200 g de beurre à température ambiante
200 g de sucre semoule

1. Préchauffez le four à 240 °C (th. 8).
2. Cassez les œufs en séparant les blancs des jaunes. Travaillez les jaunes au fouet avec le sucre en poudre, jusqu'à ce que le mélange blanchisse. Tamisez ensemble la fécule, la farine et le sachet de sucre vanillé. Ajoutez-les aux jaunes d'œufs. Mélangez. Montez les blancs en neige ferme et incorporez-les délicatement à la préparation.
3. Versez la pâte dans un moule rectangulaire beurré. Baissez la température du four à 150 °C (th. 5) et faites cuire pendant 20 minutes. Baissez à nouveau la température du four à 100 °C (th. 3-4) et laissez cuire le gâteau encore 20 minutes. Retirez le gâteau du four et laissez refroidir complètement.
4. Préparez la crème au beurre : versez le sucre avec un fond d'eau dans une casserole. Portez à ébullition. Faites cuire ce sirop jusqu'à 117 °C à 120 °C (utilisez un thermomètre à pâtisserie). Avant d'atteindre la température, cassez les œufs et mixez-les. Versez le sirop en filet sur les œufs tout en mixant. Continuez jusqu'à ce que la préparation ait doublé de volume et qu'elle soit épaisse et crémeuse. Coupez le beurre en petits cubes et ajoutez-les progressivement en mixant, cette fois à faible vitesse. Incorporez l'extrait de vanille.
5. Coupez le gâteau en deux. Étalez une couche de crème au beurre au centre, puis reconstituez le gâteau. Recouvrez-le entièrement d'une fine couche de crème au beurre. Faites des décors avec le reste de crème, en utilisant une poche munie d'une petite douille cannelée. Décorez de perles argentées et réservez au frais jusqu'au moment de servir.

GÂTEAU GLACÉ *multicouche*

POUR 6 À 8 PERSONNES
PRÉPARATION : 20 MIN
CONGÉLATION : 3 H 30

1 litre de glace au chocolat
1 litre de glace à la noix de coco
50 cl de glace à la fraise
50 cl de sorbet au cassis
quelques fruits rouges pour le décor

1. Laissez légèrement ramollir le sorbet au cassis. Pendant ce temps, chemisez un moule à bords hauts de papier sulfurisé. Une fois la glace malléable, étalez-la en une couche régulière et lisse dans le fond du moule. Placez au congélateur pendant 30 minutes.
2. Pendant ce temps, faites ramollir la glace au chocolat. Quand elle est malléable, étalez-la à son tour dans le moule en une couche bien lisse. Remettez au congélateur pendant 30 minutes.
3. Pendant ce temps, laissez ramollir la glace à la noix de coco. Quand elle est malléable, étalez-la sur la crème glacée chocolat en une couche régulière et lisse. Remettez au congélateur pendant 30 minutes.
4. Pendant ce temps, laissez ramollir la glace à la fraise. Quand elle est malléable, étalez-la sur la glace à la noix de coco en une couche régulière et lisse. Remettez au congélateur pendant au moins 2 heures.
5. Rincez les fruits rouges sous un filet d'eau fraîche et égouttez-les sur du papier absorbant. Au moment de servir, démoulez le gâteau glacé sur un plat de service. Retirez délicatement le papier sulfurisé. Décorez de fruits rouges et servez immédiatement.

GÂTEAU DE CRÊPES
au mascarpone et aux fruits rouges

POUR 6 À 8 PERSONNES
PRÉPARATION : 40 MIN
REPOS : 1 H
CUISSON : 30 MIN

Crêpes :
250 g de farine
250 g de fécule de maïs
6 œufs
1 litre de lait
60 g de beurre
+ 30 g pour la cuisson

Garniture :
500 g de fruits rouges (framboises, mûres)
150 g de mascarpone
150 g de crème liquide entière
50 g de sucre glace

1. Préparez la pâte à crêpes : versez la farine et la fécule tamisées dans un saladier et mélangez.
2. Creusez un puits. Battez les œufs en omelette et versez-les au centre. Mélangez peu à peu avec un fouet. Versez le lait en filet tout en fouettant, puis le beurre fondu. Laissez reposer la pâte pendant 1 heure.
3. Dans un saladier, mélangez au fouet électrique la crème et le mascarpone. Lorsque la préparation commence à épaissir, ajoutez le sucre glace et continuez de fouetter jusqu'à obtenir une crème mousseuse et aérée.
4. Faites cuire les crêpes dans une poêle d'environ 20 cm, très légèrement beurrée, et empilez-les au fur et à mesure dans un plat. Laissez-les refroidir.
5. Procédez au montage : sur un plat de service, superposez les crêpes tartinées d'une fine couche de crème mascarpone. Intercalez de temps en temps quelques petits fruits rouges et continuez jusqu'à épuisement des crêpes. Terminez par une belle couche de crème et par des fruits. Réservez au frais jusqu'au moment de servir.

back to school

SAINT-HONORÉ *à la chantilly*

POUR 6 À 8 PERSONNES
PRÉPARATION : 1 H 30
CUISSON : 1 H

Gâteau :
1 rouleau de pâte feuilletée pur beurre
125 g de farine
4 œufs
20 cl d'eau
80 g de beurre
15 g de sucre en poudre
1 pincée de sel

Chantilly :
500 g de crème liquide entière bien froide
1 gousse de vanille
15 g de sucre glace

Caramel :
200 g de sucre
1 cuillerée à soupe de jus de citron

1. Réalisez la pâte à choux : dans une casserole, portez à ébullition l'eau, le sel, le sucre en poudre et le beurre coupé en petits dés. Hors du feu, versez la farine en une seule fois et mélangez vivement. Remettez sur feu doux et faites dessécher la pâte environ 2 à 3 minutes, jusqu'à ce qu'une fine pellicule se forme au fond de la casserole. Retirez du feu, laissez tiédir, ajoutez les œufs légèrement battus un à un. Laissez reposer 30 minutes.

2. Étalez la pâte feuilletée sur une plaque à pâtisserie recouverte de papier sulfurisé. Découpez un disque de 25 cm de diamètre et piquez le fond à la fourchette. À l'aide d'une poche à douille, entourez le disque de feuilletage d'un cordon de pâte à choux. Dressez de petits choux à côté.

3. Préchauffez le four à 180 °C (th. 6). Faites cuire le tout 40 minutes. Au bout de 25 minutes de cuisson, retirez les petits choux et poursuivez la cuisson du gâteau. Laissez refroidir.

4. Préparez la chantilly : battez la crème bien froide avec les graines de la gousse de vanille, en chantilly. Ajoutez progressivement le sucre glace. Percez le dessous des petits choux et garnissez-les à l'aide d'une poche munie d'une douille fine. Transférez le reste de crème dans une poche munie d'une douille cannelée, ou d'une douille à saint-honoré. Réservez au frais.

5. Pour le montage, faites chauffer le sucre avec 2 cuillerées à soupe d'eau et le jus de citron dans une casserole. Quand le caramel est blond, trempez-y rapidement le dessus des choux, puis posez-les sur un tapis en silicone pour faire durcir le caramel. Avec le reste de caramel, collez le dessous des petits choux tout autour de la couronne de pâte. Garnissez artistiquement le centre du saint-honoré de chantilly. Conservez au frais.

TARTE *tropézienne*

POUR 6 À 8 PERSONNES
PRÉPARATION : 1 H
REPOS : 2 H
CUISSON : 30 MIN

Tarte :
400 g de farine
15 g de levure de boulanger
2 œufs
100 g de beurre
30 g de sucre en poudre
1 cuillerée à soupe de sucre perlé
10 g de sel

Crème :
3 jaunes d'œufs
80 g d'eau
30 cl de crème liquide bien froide
80 g de sucre en poudre
1 sachet de sucre vanillé

1. Préparez la tarte : délayez 100 g de farine et la levure de boulanger dans un peu d'eau tiède. Versez le reste de farine dans un saladier, creusez un puits au centre et mettez-y les œufs, le beurre, le sel et le sucre. Pétrissez jusqu'à obtention d'une pâte souple. Ajoutez alors le mélange farine/levure. Pétrissez à nouveau en étirant bien la pâte. Placez-la ensuite dans un saladier, couvrez d'un linge et laissez reposer à température ambiante jusqu'à ce que la pâte ait doublé de volume.
2. Pétrissez à nouveau en étirant bien la pâte puis formez une boule et placez au frais pendant 40 minutes. Couvrez la plaque du four de papier sulfurisé. Façonnez la pâte en une galette et posez-la sur la plaque. Dorez-la au jaune d'œuf et laissez lever à température ambiante pendant 45 minutes.
3. Préchauffez le four à 200 °C (th. 6-7).
4. Enfournez la pâte et faites cuire 25 minutes. Sortez la galette du four et laissez-la refroidir complètement sur une grille puis coupez-la en deux dans l'épaisseur. Réservez.
5. Préparez la crème : versez le sucre et l'eau dans une casserole. Portez à ébullition et laissez bouillir 3 minutes. Pendant ce temps, fouettez les jaunes dans une autre casserole sur feu très doux et versez le sirop de sucre en filet en fouettant sans arrêt. Continuez à fouetter 2 minutes, retirez du feu et fouettez jusqu'à refroidissement.
6. Montez la crème en chantilly en incorporant le sucre vanillé puis ajoutez les jaunes fouettés en mélangeant délicatement jusqu'à l'obtention d'une crème onctueuse. Étalez la crème sur la partie inférieure de la tarte. Posez la partie supérieure par-dessus, parsemez de sucre perlé.
7. Placez au frais jusqu'au moment de servir.

GÂTEAUX
de fête

ANGEL CAKE
d'anniversaire

POUR 6 À 8 PERSONNES
PRÉPARATION : 30 MIN
RÉFRIGÉRATION : 30 MIN
CUISSON : 45 MIN

200 g de Smarties®
ou de M&M'S®
175 g de chocolat noir
50 g de cacao en poudre
non sucré
125 g de farine
1 sachet de levure chimique
5 œufs
125 g de crème fleurette
50 g d'huile végétale
250 g de beurre mou
+ 1 noix pour le moule
170 g de sucre semoule
200 g de sucre glace
1 pincée de sel

1. Préchauffez le four à 160 °C (th. 5-6). Placez la grille dans le tiers inférieur du four.

2. Dans un saladier, cassez le chocolat en morceaux. Séparez les blancs des jaunes d'œufs dans 2 saladiers. À l'aide d'une passoire, tamisez ensemble la farine et la levure.

3. Faites blanchir les jaunes d'œufs avec 100 g de sucre, puis incorporez 6 cl d'eau, l'huile, puis le cacao et la farine tamisée. Mélangez jusqu'à l'obtention d'une pâte lisse et brillante, réservez.

4. Montez les blancs en neige. Lorsqu'ils sont mousseux, ajoutez le sel et la moitié du sucre restant. Continuez de battre les blancs, puis versez le reste de sucre. La meringue doit être lisse et brillante. Incorporez délicatement un tiers de la meringue dans le mélange précédent, et remuez en douceur. Versez le reste de la meringue et mélangez de nouveau délicatement.

5. Versez la préparation aux trois quarts d'un moule haut à charnière de 17 cm, au fond légèrement beurré. Égalisez le dessus avec une spatule et enfournez pour 40 minutes. À la sortie du four, retournez le moule sur une grille et laissez refroidir.

6. Faites bouillir la crème fleurette puis versez-la dans le saladier contenant le chocolat. Attendez quelques minutes puis mélangez. Laissez reposer à température ambiante pendant 15 minutes. Fouettez 2 minutes le beurre et le sucre glace, puis incorporez peu à peu le chocolat refroidi, jusqu'à obtenir une crème lisse et brillante.

7. Lorsque le cake est froid, décollez-le délicatement avec la lame d'un couteau. Retournez-le sur un plat de présentation et coupez-le en deux horizontalement. Recouvrez le premier disque de ganache puis recouvrez avec le second disque. Étalez le reste de ganache sur toutes les faces du gâteau. Placez 30 minutes au réfrigérateur, puis décorez de Smarties® ou de M&M'S®.

LAYER CAKE *tout rose*

POUR 6 PERSONNES
PRÉPARATION : 30 MIN
CUISSON : 55 MIN

Génoises :
250 g de farine
1 sachet de levure chimique
8 œufs
colorant alimentaire rouge
quelques cuillerées à soupe de confiture de fruits rouges
quelques fruits rouges : cassis, framboises, myrtilles, groseilles...
200 g de sucre en poudre
1 pincée de sel

Chantilly :
20 cl de crème liquide à 35 %
2 cuillerées à soupe de sucre glace

1. Préchauffez le four à 180 °C (th. 6).
2. Placez le fouet du batteur, le bol et la crème liquide au réfrigérateur (pour la chantilly).
3. Dans un récipient (ou dans le bol d'un robot), mélangez la farine et la levure. Clarifiez les œufs : séparez les blancs des jaunes. Dans un récipient, montez les blancs en neige avec une pincée de sel jusqu'à ce qu'ils soient bien fermes. Ajoutez le sucre et continuez de battre. Baissez la vitesse du robot, ajoutez les jaunes d'œufs puis versez la farine et la levure en pluie. Arrêtez vite le robot.
4. Séparez la pâte à génoise en 3 parts égales. Déposez une pointe de colorant rouge dans la première pâte. Ajoutez un peu plus de colorant dans la deuxième et encore davantage dans la troisième. Mélangez jusqu'à l'obtention de pâtes homogènes.
5. Versez la première préparation dans un moule ou dans un grand plat allant au four. Lissez la surface à l'aide d'une spatule et enfournez pour 20 minutes de cuisson environ. Démoulez la génoise tiède et faites-la refroidir avant de l'utiliser. Recommencez l'opération pour les deux autres pâtes.
6. À l'aide d'un emporte-pièce, taillez des disques de même diamètre. Étalez de la confiture sur toute la surface de la génoise la plus colorée. Déposez la deuxième génoise dessus. Tapissez-la de confiture puis placez la génoise la plus claire sur le dessus.
7. Sortez les ustensiles froids du réfrigérateur, versez la crème dans le bol et battez jusqu'à ce que la chantilly devienne bien ferme. Versez dans une poche à douille et recouvrez le gâteau de pointes de chantilly. Déposez quelques fruits rouges sur le dessus et dégustez aussitôt.

GÂTEAU D'ANNIVERSAIRE *pistaches-griottes*

POUR 6 À 8 PERSONNES
PRÉPARATION : 45 MIN
CUISSON : 25 MIN

Gâteaux :
200 g de confiture de griottes
30 g de pâte de pistaches
400 g de farine + 20 g pour les moules
1 sachet de levure chimique
6 œufs (environ 350 g net)
25 cl de lait
200 g de beurre mou + 20 g pour les moules
200 g de sucre en poudre

Chantilly :
300 g de crème fraîche liquide entière
150 g de mascarpone
50 g de sucre glace
quelques gouttes de colorant vert

1. Dans un saladier, fouettez le beurre mou avec la pâte de pistaches et le sucre jusqu'à obtenir la consistance d'une pommade. Incorporez les œufs un à un, puis la farine et la levure tamisées ensemble, et enfin le lait.
2. Préchauffez le four à 180 °C (th. 6).
3. Répartissez la pâte dans deux moules à manqué de 25 cm de diamètre, beurrés et farinés. Faites cuire les gâteaux 20 à 25 minutes. Vérifiez la cuisson en piquant la lame d'un couteau : elle doit ressortir sèche. Laissez tiédir les gâteaux avant de les démouler sur une grille. Laissez complètement refroidir. Recoupez proprement le dessus des gâteaux à l'aide d'un long couteau, afin d'obtenir un disque bien lisse et plat.
4. Dans un saladier, mélangez au fouet électrique la crème bien froide et le mascarpone. Lorsque la préparation commence à épaissir, ajoutez le colorant et le sucre glace puis continuez de fouetter jusqu'à obtenir une chantilly.
5. Procédez au montage : déposez un des gâteaux sur un plat de présentation. Tartinez-le de chantilly et lissez avec une spatule. Ajoutez la confiture de griottes et étalez-la à la spatule. Posez le second gâteau sur le dessus. Terminez le décor en recouvrant entièrement le gâteau de chantilly. Faites de petits dessins sur les bords à l'aide d'une spatule coudée. Réservez au frais jusqu'au moment de servir.

GÂTEAU D'ANNIVERSAIRE
aux agrumes

POUR 6 PERSONNES
PRÉPARATION : 1 H
CUISSON : 40 À 45 MIN

Gâteau :
400 g de farine + 20 g pour les moules
1 sachet de levure chimique
6 œufs (environ 350 g net)
25 cl de lait
le zeste d'1 citron non traité
le zeste de 1 orange non traitée
le zeste de 1 pamplemousse rose non traité
1 cuillerée à café de vanille en poudre
colorants (orange, jaune et rose)
200 g de beurre mou + 20 g pour les moules
200 g de sucre en poudre

Chantilly :
500 g de crème fraîche liquide entière
250 g de mascarpone
100 g de sucre glace
30 g de billes de sucre colorées

1. Dans un saladier, fouettez le beurre mou avec le sucre jusqu'à obtenir la consistance d'une pommade. Incorporez les œufs un à un. Incorporez ensuite la farine et la levure tamisées ensemble, puis le lait et la vanille.
2. Pesez la pâte obtenue et partagez-la en 3 parts égales. Placez-les dans 3 bols différents. Dans une des pâtes, ajoutez le colorant jaune et le zeste de citron ; mélangez. Dans la deuxième pâte, ajoutez le colorant orange et le zeste d'orange ; mélangez. Dans la dernière, ajoutez l'eau de rose et le colorant rose ; mélangez.
3. Préchauffez le four à 180 °C (th. 6).
4. Faites cuire chaque pâte séparément pendant 12 à 15 minutes, dans un moule à manqué ou un cercle à pâtisserie de 18 cm, beurré et fariné.
5. Démoulez les disques de pâte et laissez-les refroidir sur une grille. Coupez chaque gâteau en deux dans le sens de l'épaisseur. Recoupez proprement le dessus à l'aide d'un long couteau, afin d'obtenir un disque bien lisse.
6. Dans un saladier, mélangez au fouet électrique la crème et le mascarpone. Lorsque la préparation commence à épaissir, ajoutez le sucre et continuez de fouetter jusqu'à obtenir une chantilly.
7. Procédez au montage : déposez un cercle de pâte rose sur un plat de présentation. Tartinez-le de chantilly et lissez avec une spatule. Déposez le cercle jaune, tartinez à nouveau de chantilly et lissez à la spatule. Continuez ainsi : cercle orange, chantilly, cercle rose, chantilly, cercle jaune, chantilly, cercle orange et chantilly.
8. Terminez le décor en recouvrant entièrement le gâteau de chantilly. Décorez le bord de billes de sucre colorées et piquez les bougies sur le dessus du gâteau. Servez.

RAINBOW *cake*

POUR 6 À 8 PERSONNES
PRÉPARATION : 1 H
CUISSON : 30 À 40 MIN

Gâteau :
400 g de farine de blé
+ 30 g pour les moules
1 sachet de levure chimique
6 œufs (environ 350 g net)
25 cl de lait
1 cuillerée à café de vanille en poudre
colorants aux couleurs de l'arc-en-ciel (violet, bleu, vert, jaune, orange et rouge)
200 g de beurre mou
+ 30 g pour les moules
200 g de sucre en poudre

Chantilly :
500 g de crème fraîche liquide entière
250 g de mascarpone
100 g de sucre glace

1. Dans un saladier, fouettez le beurre mou avec le sucre jusqu'à obtenir la consistance d'une pommade. Incorporez les œufs un à un. Incorporez ensuite la farine et la levure tamisées ensemble, puis le lait et la vanille.
2. Pesez la pâte obtenue et partagez-la en 6 parts égales. Placez-les dans 6 bols différents. Colorez chaque pâte avec l'un des colorants.
3. Préchauffez le four à 180 °C (th. 6).
4. Faites cuire chaque pâte séparément pendant 10 à 12 minutes, dans un moule à manqué ou un cercle à pâtisserie de 18 cm, beurré et fariné.
5. Démoulez les disques de pâte et laissez-les refroidir sur une grille. Recoupez proprement le dessus de chaque gâteau à l'aide d'un long couteau, afin d'obtenir un disque bien lisse.
6. Dans un saladier, mélangez au fouet électrique la crème et le mascarpone. Lorsque la préparation commence à épaissir, ajoutez le sucre et continuez de fouetter jusqu'à obtenir une chantilly.
7. Procédez au montage : déposez le cercle de pâte violet sur un plat de présentation. Tartinez-le de chantilly et lissez avec une spatule. Déposez le cercle bleu et tartinez à nouveau de chantilly puis lissez à la spatule. Continuez ainsi : cercle vert, chantilly, cercle jaune, chantilly, cercle orange, chantilly, cercle rouge et chantilly.
8. Terminez le décor en recouvrant entièrement le gâteau de chantilly. À l'aide d'une poche munie d'une petite douille cannelée, ajoutez de petites pointes de chantilly sur le bord et la base du gâteau.

GÂTEAU D'ANNIVERSAIRE *citron-amandes*

POUR 6 À 8 PERSONNES
PRÉPARATION : 1 H 45
RÉFRIGÉRATION : 2 H
CUISSON : 40 MIN

240 g de poudre d'amandes
2 citrons jaunes bio
180 g de farine + 20 g pour les moules
80 g de fécule de maïs
1 sachet de levure chimique
4 œufs
20 cl de lait
1 gousse de vanille
100 g de ricotta bien égouttée
140 g de beurre à température ambiante + 20 g pour les moules
280 g de sucre glace + 2 cuillerées à soupe pour le sirop
1 pincée de sel

Crème :
2 blancs d'œufs
115 g de beurre mou
65 g de sucre
quelques gouttes de colorant jaune

1. Dans le bol d'un robot, mélangez au fouet la ricotta, le sucre glace, et le beurre, jusqu'à obtenir une texture crémeuse. Ajoutez ensuite les zestes des citrons râpés finement, les graines de la gousse de vanille, les œufs un par un, puis le lait. Mélangez à petite vitesse. Ajoutez ensuite la poudre d'amandes et le sel. Tamisez la farine de blé avec la fécule et la levure. Incorporez-les au mélange précédent.
2. Préchauffez le four 180 °C (th. 6).
3. Beurrez et farinez deux moules à manqué de 20 cm de diamètre, versez-y la préparation et faites cuire 30 minutes environ. Laissez tiédir les gâteaux avant de les démouler sur une grille. Laissez refroidir.
4. Réalisez le sirop : pressez le jus des citrons et ajoutez 2 cuillerées à soupe de sucre glace. Mélangez et réservez.
5. Préparez la crème : mettez les blancs d'œufs et le sucre dans un cul-de-poule. Déposez-le sur un bain-marie frémissant. Fouettez au batteur électrique jusqu'à obtenir une meringue blanche et brillante. Hors du feu, continuez à fouetter jusqu'à refroidissement. Ajoutez le colorant et le beurre. Fouettez à petite vitesse pendant 3 minutes. Réservez 30 minutes au frais.
6. Égalisez le dessus des gâteaux avec un grand couteau. Coupez-les en deux dans l'épaisseur. Déposez un premier disque de gâteau sur un plat de service, humectez-le d'un peu de sirop à l'aide d'un pinceau puis enduisez la surface d'une fine couche de glaçage. Posez un disque de gâteau par-dessus. Continuez de même jusqu'en haut du gâteau. Enduisez le dessus et les côtés du gâteau d'une fine couche de glaçage. Réservez 30 minutes au frais, puis étalez une bonne couche de glaçage sur toute la surface, lissez à la spatule afin d'obtenir un résultat régulier et réservez 1 heure au frais.
7. Au moment de servir, décorez la base du gâteau d'un large ruban et piquez les bougies au sommet.

GÂTEAU D'ANNIVERSAIRE *aux pommes*

POUR 6 À 8 PERSONNES
PRÉPARATION : 30 MIN
CUISSON : 45 MIN

3 pommes golden
le jus d'1 citron
200 g de farine
1 sachet de levure chimique
4 œufs
200 g de beurre
200 g de sucre + 150 g pour le caramel
1 sachet de sucre vanillé

1. Dans une jatte, mélangez les sucres et les œufs jusqu'à ce que le mélange blanchisse. Ajoutez le beurre fondu, puis la farine et la levure tamisées ensemble. Mélangez à nouveau.
2. Pelez les pommes, coupez-les en quartiers, retirez le cœur et les pépins puis détaillez-les en tranches épaisses. Arrosez-les au fur et à mesure d'un filet de jus de citron pour leur éviter de noircir. Incorporez la moitié des pommes dans la pâte.
3. Préchauffez le four à 180 °C (th. 6).
4. Préparez le caramel : mettez les 150 g de sucre dans le fond d'un moule à manqué. Faites-le cuire à feu vif jusqu'à ce qu'il prenne une belle couleur ambrée, mais sans le mélanger. Inclinez le moule en tous sens pour répartir le caramel dans le fond et sur les côtés. Laissez tiédir 5 minutes, ajoutez le reste des pommes dans le fond puis versez la pâte. Enfournez pour 40 minutes environ.
5. À la sortie du four, laissez le gâteau tiédir avant de le démouler sur un plat de service. Servez-le avec une sauce caramel au beurre salé.

GÂTEAU *paquet-cadeau*

POUR 6 À 8 PERSONNES
PRÉPARATION : 2 H
RÉFRIGÉRATION : 3 H
CUISSON : 30 MIN

Gâteaux :
300 g de farine + 30 g pour les moules
½ sachet de levure
4 œufs
8 cl de lait
1 cuillerée à café d'extrait de vanille
quelques gouttes de colorant alimentaire rose
200 g de beurre + 30 g pour les moules
220 g de sucre en poudre

Crème à la mûre :
500 g de fromage frais
200 g de mûres
1 citron
2 feuilles de gélatine (4 g)
10 cl d'eau
75 g de sucre en poudre

Finition :
500 g de pâte à sucre blanche
150 g de pâte à sucre rose
sucre glace pour le plan de travail

1. Préchauffez le four 180 °C (th. 6).
2. Beurrez et farinez trois moules carrés. Battez le beurre, l'extrait de vanille et le sucre jusqu'à l'obtention d'un mélange léger et mousseux. Incorporez les œufs un à un. Ajoutez le lait et mélangez bien. Incorporez la farine et la levure tamisées ensemble en deux fois. Mélangez jusqu'à obtenir une pâte homogène. Ajoutez le colorant.
3. Répartissez la pâte dans les trois moules et faites cuire 30 minutes. Laissez tiédir les gâteaux puis démoulez-les sur une grille. Laissez complètement refroidir.
4. Pendant ce temps, préparez la crème : mettez les feuilles de gélatine à ramollir dans de l'eau froide. Dans une casserole, faites bouillir l'eau, le sucre, les zestes et le jus du citron. Ajoutez ensuite la gélatine essorée, hors du feu. Lissez le fromage frais dans un cul-de-poule. Ajoutez le sirop et mélangez.
5. Pour le montage : posez un premier gâteau, nappez-le généreusement de crème, répartissez la moitié des mûres, posez le deuxième gâteau et ainsi de suite. Tartinez enfin toute la surface du gâteau d'une fine couche de crème. Réservez-le 3 heures au moins au réfrigérateur.
6. Malaxez la pâte à sucre blanche avec les mains pour la ramollir et faciliter son façonnage. Étalez-la finement sur un plan de travail saupoudré de sucre glace. Enroulez-la sur le rouleau et apposez-la sur le gâteau. Avec les mains, lissez bien les bords pour la faire adhérer. Découpez le surplus. Entourez d'un joli ruban. Étalez la pâte à sucre rose et découpez de petites fleurs à l'aide d'un emporte-pièce. Piquez-les régulièrement sur le gâteau à l'aide de petites épingles à tête nacrée. Réservez au frais (pas au réfrigérateur) jusqu'au moment de servir.

PIÈCE MONTÉE
de petits choux

POUR 6 PERSONNES
PRÉPARATION : 1 H
CUISSON : 20 MIN

100 g de farine
3 œufs moyens
40 cl de crème pâtissière
50 g de beurre demi-sel
400 g de sucre semoule
15 dragées ou Smarties® pour la déco

1. Préchauffez le four à 180 °C (th. 6). Dans une casserole, portez 10 cl d'eau à ébullition avec le beurre coupé en petits dés.
2. Ôtez la casserole du feu et versez d'un coup la farine dans l'eau. Mélangez rapidement à l'aide d'une spatule en bois pour obtenir une pâte collante. Posez à nouveau la casserole sur le feu et mélangez pendant 1 minute pour que la pâte se détache des bords.
3. Hors du feu, ajoutez les œufs, un à un, en mélangeant bien à chaque fois (la pâte ne doit pas être liquide).
4. Garnissez une poche à douille de pâte et déposez des petits tas ronds sur une plaque de cuisson. Enfournez pendant 20 minutes environ, jusqu'à ce que la pâte devienne sèche et dorée. Laissez refroidir. Garnissez les choux de crème pâtissière à l'aide d'une poche à douille.
5. Dans une casserole à fond épais, faites fondre le sucre à feu doux (sans mélanger) jusqu'à l'obtention d'un caramel. Laissez refroidir.
6. Réalisez un cône en papier sulfurisé et placez-le dans un autre cône en carton. Étalez rapidement le caramel légèrement filant sur le papier sulfurisé à l'aide d'une fourchette, en commençant par l'entrée du cône pour finir au fond.
7. Répartissez les choux et les dragées (ou les Smarties®) du fond du cône vers le bord, en les trempant si nécessaire dans le reste de caramel pour les coller les uns aux autres.
8. Retournez la pièce montée sur un plat, attendez que le caramel soit bien sec puis enlevez le carton et le papier. Dégustez.

PIÈCE MONTÉE
aux madeleines

POUR 6 À 8 PERSONNES
PRÉPARATION : 45 MIN
RÉFRIGÉRATION : 30 MIN
REPOS : 20 MIN
SÉCHAGE : 1 H
CUISSON : 30 MIN

Madeleines :
160 g de farine + 20 g pour le moule
1 sachet de levure chimique
4 gros œufs
160 g de beurre demi-sel + 20 g pour le moule
160 g de sucre semoule

Glaçage :
180 g de sucre glace
1 blanc d'œuf
colorants alimentaires (jaune, vert, bleu, rose, violet...)
1 cuillerée à café de jus de citron
quelques capsules acidulées pour la finition

1. Préchauffez le four à 240 °C (th. 8).
2. Faites fondre le beurre à feu doux dans une casserole ou au four à micro-ondes puis laissez-le tiédir. Dans un saladier, mélangez la farine, la levure et le sucre. Cassez les œufs en séparant les blancs des jaunes. Ajoutez les jaunes d'œufs au mélange farine-sucre et mélangez à la spatule. Fouettez légèrement les blancs d'œufs avec une fourchette, sans les monter, puis incorporez-les à l'ensemble. Versez le beurre fondu et mélangez vivement à l'aide d'un fouet. Réservez la pâte 30 minutes au réfrigérateur.
3. Versez 1 cuillérée à soupe de pâte dans chaque alvéole d'un moule à madeleines beurré et fariné. Mettez les madeleines au four pendant 4 minutes, puis baissez la température à 180 °C (th. 6) et laissez cuire pendant encore 4 minutes. Faites les fournées suivantes de la même façon, jusqu'à épuisement de la pâte. Démoulez les madeleines aussitôt et laissez-les refroidir sur une grille.
4. Pendant ce temps, réalisez le glaçage. Battez légèrement le blanc d'œuf à la fourchette. Ajoutez le sucre puis le jus de citron jusqu'à obtenir une préparation homogène. Versez des portions égales de cette préparation dans 5 petits bols puis ajoutez une pointe de couteau ou quelques gouttes d'un des colorants. Mélangez bien chaque glaçage puis laissez reposer une vingtaine de minutes. Étalez un peu de glaçage sur les madeleines disposées au préalable sur une grille (car le mélange peut être coulant). Laissez sécher 1 heure.
5. Procédez au montage : piquez chaque madeleine sur un cure-dents, puis le long d'un cône en polystyrène. Lorsque les madeleines sont en place, piquez quelques soucoupes dans les espaces laissés libres. Réservez dans un endroit frais jusqu'au moment de servir.

PIÈCE MONTÉE
rose-pistache

POUR 10 PERSONNES ET PLUS
PRÉPARATION : 2 H
CUISSON : 30 MIN

Gâteaux :
200 g de pâte de pistaches
10 cl d'eau de rose
360 g de farine
+ 30 g pour les moules
2 sachets de levure chimique
12 œufs
10 cl de lait
300 g de beurre mou
+ 30 g pour les moules
360 g de sucre

Montage :
1 kg de pâte à sucre blanche
sucre glace pour le plan de travail
10 piques à brochettes en bois
décoration au choix (fleurs, sujets…)

1. Préchauffez le four à 180 °C (th. 6).
2. Avec un batteur électrique (ou un robot), travaillez les œufs et le sucre pendant 5 minutes, jusqu'à obtenir une texture lisse et onctueuse. Incorporez le beurre et la pâte de pistaches, mélangez 2 minutes. Ajoutez le lait et l'eau de rose, puis la farine et la levure tamisées ensemble. Mélangez une dernière fois jusqu'à obtenir une pâte homogène.
3. Beurrez et farinez 3 moules à pièce montée. Répartissez la pâte et enfournez pour 25 à 30 minutes de cuisson. Vérifiez la cuisson à l'aide d'une lame de couteau : elle doit ressortir sèche. Prolongez si besoin la cuisson de quelques minutes. Laissez tiédir les gâteaux à la sortie du four avant de les démouler sur une grille. Laissez complètement refroidir.
4. Malaxez la pâte à sucre avec les mains pour la ramollir et faciliter son façonnage. Divisez-la en trois pâtons. Étalez-la finement sur un plan de travail saupoudré de sucre glace. Enroulez-la sur le rouleau et apposez-la sur un des gâteaux. Avec les mains, lissez bien les bords pour la faire adhérer. Découpez le surplus. Faites de même pour les autres gâteaux. Avec les restes de pâte à sucre, roulez de petites billes et décorez-en le pourtour des gâteaux.
5. Déposez le plus gros gâteau sur un plat de service, piquez en son centre 5 brochettes en bois qui devront dépasser de quelques centimètres (recoupez le surplus). Posez dessus le gâteau moyen, étayez le centre de la même façon puis posez le plus petit gâteau. Décorez le dessus à votre goût. Réservez au frais (pas au réfrigérateur) jusqu'au moment de servir.

PIÈCE MONTÉE DE CHOUX
aux biscuits roses

POUR 6 PERSONNES
PRÉPARATION : 1 H
CUISSON : 40 MIN

Pâte à choux :
150 g de farine
4 œufs
25 cl d'eau
125 g de beurre
1 cuillerée à soupe de sucre
1 pincée de sel

Crème :
100 g de biscuits roses en poudre
100 g de mascarpone
50 g de sucre en poudre

Glaçage :
100 g de sucre glace
1 citron
1 blanc d'œuf
quelques gouttes de colorant rose
30 g de granulés de sucre colorés

Montage :
200 g de sucre
50 g de sirop de glucose
40 cl d'eau
le jus d'1 citron
quelques roses en sucre

1. Préchauffez le four à 210 °C (th. 7).
2. Préparez la pâte à choux : coupez le beurre en petits morceaux dans une casserole. Ajoutez le sucre, le sel et l'eau. Faites chauffer.
3. Hors du feu, ajoutez la farine d'un seul coup en fouettant. Remettez sur le feu et faites cuire en mélangeant vivement jusqu'à ce que la pâte se détache des parois de la casserole. Hors du feu, incorporez les œufs un par un en fouettant avec un batteur électrique.
4. Mettez la pâte dans une poche à douille cannelée. Dressez des petits choux sur une plaque recouverte de papier sulfurisé, en les espaçant bien. Enfournez et faites cuire 30 minutes. Laissez refroidir.
5. Battez au fouet le mascarpone et le sucre. Ajoutez la poudre de biscuits roses et réservez au frais dans une poche munie d'une fine douille. Lorsque les choux sont bien froids, percez un petit trou sur le dessous et garnissez-les de crème.
6. Mélangez le sucre glace avec le blanc d'œuf battu, le colorant et le jus du citron. Étalez le glaçage sur les choux, parsemez de granulés de sucre et laissez durcir.
7. Procédez au montage : faites fondre le sucre, le sirop de glucose ainsi que l'eau et faites caraméliser. Ajoutez un peu de jus de citron à la fin. Trempez le fond des choux, un par un, et collez-les sur un cône en polystyrène, en commençant par la base. Gardez le caramel au chaud pour faciliter les manipulations. Lorsque tous les choux sont collés, décorez la pièce montée de roses en sucre. Déposez sur un joli plat et servez.

GÂTEAU DE PÂQUES
à la noix de coco

POUR 6 À 8 PERSONNES
PRÉPARATION : 2 H
RÉFRIGÉRATION : 4 H
CUISSON : 25 MIN

Biscuit :
60 g de poudre d'amandes
20 g de fécule de maïs
2 œufs + 2 blancs
20 g de beurre + 1 noix pour le moule
80 g de sucre

Mousse coco :
100 g de crème de coco
25 cl de lait de coco
4 jaunes d'œufs
3 feuilles de gélatine (6 g)
30 cl de crème liquide entière
60 g de sucre

Crémeux à la mangue :
20 cl de purée de mangues
4 œufs
2 feuilles de gélatine (4 g)
150 g de beurre
140 g de sucre en poudre

Finition :
10 cl de nectar de fruits exotiques
15 cl de crème liquide entière bien froide
2 cuillerées à soupe de sucre glace
12 sablés en forme de lapin
50 g de copeaux de noix de coco

1. Préparez le biscuit : battez les œufs entiers avec 60 g de sucre jusqu'à ce que le mélange blanchisse. Ajoutez la poudre d'amandes et la fécule. Incorporez le beurre fondu puis les blancs montés en neige avec les 20 g de sucre restant.
2. Préchauffez le four à 180 °C (th. 6).
3. Versez la pâte dans un moule à manqué beurré de 20 cm de diamètre. Enfournez pour 20 minutes. Laissez tiédir puis démoulez et laissez refroidir sur une grille.
4. Réalisez le crémeux : faites ramollir la gélatine dans un bol d'eau froide. Fouettez les œufs avec le sucre puis ajoutez la purée de mangues. Faites épaissir sur un bain-marie en fouettant constamment. Ajoutez la gélatine essorée, mélangez. Laissez tiédir puis ajoutez le beurre. Coupez le biscuit en deux dans l'épaisseur. Posez un cercle à entremets de 20 cm chemisé d'une bande de Rhodoïd®, sur une plaque à pâtisserie. Déposez un premier disque de biscuit. Versez le crémeux à la mangue. Réservez 2 heures au réfrigérateur.
5. Préparez la mousse coco : faites ramollir la gélatine dans un bol d'eau froide. Dans une casserole, faites chauffer le lait et la crème coco. Fouettez les jaunes d'œufs avec le sucre jusqu'à ce que le mélange blanchisse. Versez le lait chaud sans cesser de fouetter puis reversez dans la casserole. Faites épaissir sur feu très doux jusqu'à ce que la crème nappe la cuillère. Ajoutez la gélatine essorée, mélangez et laissez tiédir. Incorporez délicatement la crème montée en chantilly. Versez dans le cercle, sur le crémeux à la mangue, puis remettez 2 heures au frais.
6. Imbibez le second disque de biscuit de nectar et posez-le sur la mousse coco. Appuyez légèrement puis retirez le cercle et le Rhodoïd®. Fouettez le reste de crème bien froide en chantilly avec le sucre glace et recouvrez-en le dessus et les côtés du gâteau. Réservez au frais.
7. Au moment de servir, décorez le tour du gâteau avec les sablés lapins, parsemez le dessus de noix de coco et servez.

TARTE DE PÂQUES chocolat-caramel

POUR 6 PERSONNES
PRÉPARATION : 45 MIN
REPOS : 2 H 20
CUISSON : 20 MIN

Pâte sablée :
200 g de caramel au beurre salé
30 g de poudre d'amandes
240 g de farine
1 jaune d'œuf
150 g de beurre
90 g de sucre
1 sachet de sucre vanillé
1 pincée de sel

Ganache :
150 g de chocolat noir
20 cl de crème liquide entière
30 g de beurre

Décoration :
petits sablés décorés

1. Préparez la pâte sablée : mélangez la farine, le sucre, le sucre vanillé et le sel. Ajoutez le beurre coupé en dés et mélangez au fouet jusqu'à l'obtention d'un mélange sableux. Ajoutez le jaune d'œuf ainsi que la poudre d'amandes et pétrissez jusqu'à l'obtention d'une pâte homogène. Laissez reposer 1 heure au frais dans du film alimentaire.
2. Étalez la pâte entre 2 feuilles de papier cuisson. Foncez un moule à tarte de 20 cm de diamètre et placez ce fond de tarte au frais pendant 1 heure. Allumez le four à 180 °C (th. 6). Piquez le fond de tarte à la fourchette et mettez-le à cuire 20 minutes. Laissez refroidir puis démoulez. Versez le caramel. Placez au frais 20 minutes.
3. Réalisez la ganache : dans un saladier, placez le chocolat et le beurre coupés en morceaux. Portez la crème à ébullition puis versez-la en trois fois sur le chocolat et le beurre en mélangeant bien. Lorsque la ganache est homogène, versez-la sur le caramel. Laissez refroidir à température ambiante puis placez au frais.
4. Décorez de petits sablés décorés.

BÛCHE *au tiramisu*

POUR 6 À 8 PERSONNES
PRÉPARATION : 30 MIN
REPOS : 1 NUIT
CUISSON : 7 À 8 MIN

Biscuit :
110 g de farine
4 œufs
1 petit café expresso
110 g de sucre en poudre

Sirop à imbiber :
4 tasses d'expresso
1 cuillerée à café de café soluble
2 cuillerées à soupe de vin de marsala

Crème :
250 g de mascarpone
3 jaunes d'œufs
2 feuilles de gélatine
25 cl de crème fleurette entière bien froide
100 g de sucre glace

Décor :
cacao en poudre
feuilles d'or (facultatif)
perles or et argent (facultatif)
carrés de chocolat noir (facultatif)

1. Préchauffez le four sur 220 °C (th. 7-8).
2. Tapissez une plaque à pâtisserie de papier sulfurisé. Séparez les blancs des jaunes d'œufs. Battez les blancs au batteur électrique. Lorsqu'ils sont mousseux, ajoutez la moitié du sucre tout en continuant à battre 1 minute. Ajoutez le reste de sucre et continuez de battre jusqu'à obtenir une neige très ferme.
3. Ajoutez les jaunes d'œufs dans les blancs, mélangez le moins possible. Versez par-dessus la farine au travers d'un tamis, mélangez en une fois et incorporez le café. Étalez la pâte sur la plaque sur une épaisseur d'1 cm environ. Enfournez et faites cuire 7 à 8 minutes. Sortez le biscuit du four et faites-le glisser sur une grille. Humidifiez un torchon et recouvrez-en le biscuit.
4. Préparez le sirop : mélangez les expressos, le café soluble et le marsala de façon homogène, réservez.
5. Réalisez la crème : battez les jaunes et le sucre glace, ajoutez le mascarpone et battez encore 2 minutes. Montez la crème en chantilly. Faites ramollir 5 minutes les feuilles de gélatine dans un bol d'eau froide. Essorez-les et faites-les fondre 10 secondes au micro-ondes. Mélangez la gélatine avec 2 cuillerées à soupe de crème fouettée pour la diluer. Ajoutez la moitié du mélange jaunes-mascarpone, mélangez bien, puis ajoutez la seconde moitié et mélangez de nouveau. Versez sur la crème fouettée et mélangez le tout délicatement à la spatule.
6. Imbibez le biscuit avec le sirop à l'aide d'un pinceau, puis étalez la moitié de la crème. Faites glisser le biscuit avec le papier sulfurisé sur le plan de travail. Roulez-le sur lui-même et mettez au frais 15 minutes. Recouvrez ensuite le biscuit avec la crème restante. Dessinez des nervures de bois à l'aide d'une spatule. Placez au frais une nuit.
7. Avant de servir, saupoudrez le biscuit d'un voile de cacao avec un petit tamis et décorez à votre goût.

BÛCHE
blanche et rouge

POUR 6 PERSONNES
PRÉPARATION : 50 MIN
CUISSON : 12 À 15 MIN
RÉFRIGÉRATION : 1 H

Biscuit roulé :
2 cuillerées à soupe de cacao non sucré
180 g de farine
1 cuillerée à café de levure chimique
4 œufs
30 cl de lait ribot
1 cuillerée à café d'extrait de vanille
colorant alimentaire rouge
1 cuillerée à soupe de vinaigre
180 g de sucre
2 pincées de sel

Crème :
250 g de fromage frais
12 cl de mascarpone
1 cuillerée à café d'extrait de vanille
3 cl d'eau-de-vie de framboise (facultatif)
50 g de beurre doux ramolli
50 g de sucre glace

Glaçage meringué :
3 blancs d'œufs
180 g de sucre en poudre
5 cl d'eau

1. Dans un bol, battez les œufs et le sucre jusqu'à ce que le mélange blanchisse. Ajoutez le lait, la vanille, le vinaigre et le colorant en battant à faible vitesse. Dans un autre bol, mélangez la farine, la levure, le cacao et le sel. À l'aide d'un tamis, saupoudrez les ingrédients secs en trois fois sur le mélange aux œufs et incorporez-les délicatement.
2. Préchauffez le four à 180 °C (th. 6). Étalez la pâte sur une plaque à pâtisserie recouverte de papier sulfurisé. Enfournez pour 12 à 15 minutes. Démoulez sur une grille et laissez refroidir 10 minutes.
3. Retournez le gâteau sur un torchon humide et retirez le papier sulfurisé. Roulez le gâteau en vous aidant du torchon et laissez refroidir.
4. Dans un saladier, battez le fromage frais, le mascarpone et le beurre jusqu'à ce que le mélange soit lisse et crémeux. Incorporez la vanille et l'eau-de-vie. Ajoutez le sucre glace en battant jusqu'à obtenir une consistance lisse. Couvrez et placez 1 heure au réfrigérateur.
5. Déroulez délicatement le gâteau refroidi et retirez le torchon. À l'aide d'une spatule en métal, étalez uniformément la crème sur le gâteau en laissant un bord d'1 cm. Roulez le gâteau en serrant bien, puis filmez-le. Réservez au réfrigérateur.
6. Réalisez le glaçage : mettez les blancs d'œufs dans la cuve d'un batteur. Versez le sucre et l'eau dans une casserole et portez à ébullition à feu vif. Lorsque le sucre atteint 100 °C (utilisez un thermomètre à pâtisserie), commencez à monter les blancs à vitesse maximale. Quand le sucre arrive à 121 °C, réduisez la vitesse du batteur et versez progressivement le sucre cuit. Une fois le sucre incorporé, remettez le batteur à vitesse maximale et laissez tourner 5 minutes. Réduisez ensuite la vitesse et laissez tourner jusqu'à complet refroidissement.
7. Sortez le biscuit roulé du réfrigérateur. Tartinez toute la surface de glaçage. Remettez-le au frais jusqu'au moment de servir.

GÂTEAU
aux marrons glacés

POUR 6 À 8 PERSONNES
PRÉPARATION : 45 MIN
CUISSON : 25 MIN

Gâteaux :
250 g de crème de marron
60 g de brisures de marrons glacés
100 g de farine + 30 g pour les moules
1 sachet de levure chimique
8 blancs d'œufs
1 gousse de vanille
220 g de beurre + 30 g pour les moules
200 g de sucre en poudre
sucre glace et marrons glacés pour le décor

Ganache :
2 cuillerées à soupe de crème de marron
30 cl de crème liquide entière

1. Préchauffez le four à 180 °C (th. 6).
2. Préparez les gâteaux : beurrez et farinez 3 moules à manqué de 14, 16 et 18 cm de diamètre. Faites fondre le beurre et laissez-le refroidir.
3. Fendez la gousse de vanille et récupérez les graines avec la pointe d'un petit couteau.
4. Tamisez la farine et la levure dans un saladier. Ajoutez la crème de marron, le sucre, les graines de vanille et le beurre fondu, puis mélangez au fouet. Incorporez enfin délicatement les blancs d'œufs battus en neige puis les brisures de marrons. Répartissez la préparation dans les moules. Enfournez pour 20 minutes. Vérifiez la cuisson avec la pointe d'un couteau : elle doit ressortir sèche. Laissez tiédir les gâteaux avant de les démouler sur une grille, puis laissez-les complètement refroidir.
5. Préparez la ganache : faites chauffer la crème et versez-la sur la crème de marron. Mélangez au fouet jusqu'à obtenir une préparation lisse.
6. Lorsque les gâteaux ont refroidi, posez le plus grand sur un plat de service, versez un peu de ganache puis étalez-la à la spatule. Posez le deuxième gâteau, étalez un peu de ganache. Posez enfin le dernier gâteau, versez le reste de ganache et étalez-la en la laissant déborder sur les côtés. Décorez de marrons glacés entiers, poudrez de sucre glace et réservez au frais jusqu'au moment de servir.

PYRAMIDE DE BISCUITS
à la crème

POUR 6 À 8 PERSONNES
PRÉPARATION : 30 MIN
RÉFRIGÉRATION : 1 H
CUISSON : 20 MIN

50 g d'amandes en poudre
3 cuillerées à café de cannelle
1 cuillerée à café de quatre-épices
220 g de farine
1 œuf + 1 blanc
2 cuillerées à café de vanille liquide
2 cuillerées à soupe d'eau de fleur d'oranger
325 g de beurre
125 g de mascarpone
550 g de sucre glace + un peu pour la finition
boules rouges en sucre
1 feuille d'or alimentaire (facultatif)

1. Mettez la farine, les épices, les amandes, 200 g de beurre et 50 g de sucre glace dans le bol d'un robot. Mixez jusqu'à ce que le mélange soit sableux, ajoutez l'œuf entier et mixez par à-coups jusqu'à ce que la pâte forme une boule. Ajoutez un peu de farine si elle est collante et mettez au frais 1 heure.
2. Mixez 125 g de beurre avec 250 g de sucre glace, le mascarpone et la vanille liquide, jusqu'à ce que la crème soit lisse, puis mettez-la au frais.
3. Préchauffez le four à 180 °C (th. 6).
4. Tapissez 2 plaques à pâtisserie de papier sulfurisé. Étalez la pâte sur le plan de travail fariné, découpez des disques cannelés de différents diamètres, du plus grand au plus petit, et une étoile.
5. Posez-les au fur et à mesure sur les plaques. Faites-les cuire 10 minutes et laissez-les refroidir.
6. Battez le blanc d'œuf dans une petite casserole. Ajoutez 250 g de sucre glace et la fleur d'oranger. Faites cuire 3 minutes en remuant au fouet.
7. Mettez le plus grand biscuit sur un plat, ajoutez un peu de crème puis du glaçage. Posez un autre biscuit et ainsi de suite. Décorez avec des boules rouges et terminez par l'étoile couverte de feuille d'or. Saupoudrez de sucre glace et réservez au fais.

KRANSEKAGE

POUR 6 À 8 PERSONNES
PRÉPARATION : 40 MIN
REPOS : 4 H
CUISSON : 20 MIN

500 g de pâte d'amandes
150 g d'amandes en poudre
2 blancs d'œufs
150 g de sucre

Glaçage :
150 g de sucre glace
1 blanc d'œuf

1. Mélangez les amandes en poudre et le sucre dans un grand bol. Ajoutez les blancs d'œufs légèrement émulsionnés au fouet et mélangez de nouveau pour obtenir une pâte bien homogène. Ajoutez la pâte d'amandes écrasée à la fourchette et pétrissez avec les mains. Si le mélange est trop collant, ajoutez un peu d'amandes en poudre. Laissez reposer la pâte pendant 4 heures au réfrigérateur.
2. Préchauffez le four à 240 °C (th. 8).
3. Préparez les couronnes en les travaillant sur une grande feuille de papier sulfurisé. Prenez de petites boules de pâte et roulez-les entre vos mains pour former des boudins de 3 cm de diamètre. Reliez les extrémités et formez ainsi 7 couronnes de 7 tailles différentes, de la plus grande à la plus petite. Gardez une dernière boule de pâte pour former un chapeau.
4. Tapissez une plaque à pâtisserie de papier sulfurisé et placez-y les couronnes de pâte, les unes à côté des autres. Enfournez pour 20 minutes de cuisson. Lorsqu'elles sont cuites et bien dorées, sortez-les du four et laissez-les refroidir.
5. Préparez le glaçage en mélangeant le sucre glace avec un peu de blanc d'œuf, jusqu'à l'obtention d'une préparation crémeuse et bien homogène. Versez le glaçage dans une poche munie d'une douille de petit calibre. Décorez chaque couronne en faisant des zigzags. Laissez sécher le glaçage.
6. Montez les couronnes les unes sur les autres sur un plat de service, en commençant par la plus grande pour former le kransekage. Faites-les tenir avec un peu de glaçage.

PUDDING IRLANDAIS
aux noix

POUR 6 PERSONNES
PRÉPARATION : 40 MIN
MARINADE : 1 H
REPOS : 2 SEMAINES
CUISSON : 3 H

300 g de raisins de Smyrne
300 g de raisins de Corinthe
150 g de raisins de Malaga
175 g d'écorces de citron et d'orange confites
100 g d'amandes effilées
1 cuillerée à café de cannelle en poudre
½ cuillerée à café de gingembre moulu
½ cuillerée à café de muscade moulue
½ cuillerée à café de macis en poudre
150 g de farine
3 œufs
10 cl de bière brune
10 cl de whisky
300 g de graisse de rognons de veau
300 g de cassonade
1 pincée de sel

Finition :
50 g de cerneaux de noix
50 g de noix de macadamia
50 g de noix du Brésil
100 g de sucre en poudre

1. Dans un saladier, mélangez tous les raisins (rincés au préalable) avec les épices, les amandes et le whisky. Laissez mariner 1 heure. Mixez la graisse des rognons avec la cassonade. Versez dans un saladier.

2. Ajoutez au mélange graisse-cassonade les œufs battus en omelette, les écorces d'orange et de citron, la farine, le sel et la bière. Travaillez le tout avec une cuillère en bois. Puis, incorporez les raisins à l'alcool. Mélangez bien.

3. Versez la préparation dans un moule rond ou carré et tassez bien. Couvrez le moule de papier sulfurisé, ficelez-le pour le maintenir. Emballez le tout dans un linge noué très serré.

4. Placez le moule dans une grande cocotte et faites cuire 3 heures à la vapeur. Déballez le moule et laissez reposer 15 jours dans un endroit frais (mais pas au réfrigérateur).

5. Démoulez le pudding dans un plat. Dans une casserole, faites chauffer le sucre avec une cuillerée d'eau jusqu'à obtenir un caramel ambré. Versez 5 cl d'eau chaude (attention aux projections) et mélangez. Ajoutez toutes les noix et mélangez rapidement pour les enrober. Déposez-les au fur et à mesure sur le gâteau en les rangeant en lignes successives.

PUDDING
aux noix de pécan

POUR 6 À 8 PERSONNES
PRÉPARATION : 20 MIN
CUISSON : 40 MIN

200 g de noix de pécan
50 g de raisins secs
2 cuillerées à soupe de cacao non sucré
1 cuillerée à café de quatre-épices
300 g de farine
4 œufs
1 sachet de levure chimique
12 cl de lait
2 cuillerées à soupe de café instantané
2 cuillerées à soupe de rhum
quelques gouttes d'extrait de vanille
200 g de beurre mou + 1 noix pour le moule
150 g de cassonade + 2 cuillerées à soupe pour le moule

1. Beurrez et sucrez un moule à manqué. Répartissez la moitié des noix de pécan dans le fond. Hachez grossièrement le reste. Délayez le café dans le lait tiède. Rincez les raisins secs et faites-les tremper dans le rhum. Préchauffez le four à 180 °C (th. 6).
2. Fouettez le beurre, la cassonade et la vanille jusqu'à obtenir un mélange crémeux. Incorporez les œufs un à un, puis le café au lait, et enfin la farine, le cacao, la levure et le quatre-épices tamisés ensemble. Mélangez puis incorporez le reste des noix et les raisins au rhum. Versez la pâte dans le moule et enfournez pour 35 à 40 minutes de cuisson.
3. Laissez tiédir le gâteau avant de le démouler et de le décorer d'un ruban.

Astuce
Vous pouvez également réaliser des puddings individuels, en répartissant la pâte dans 8 moules à muffins. Dans ce cas, diminuez le temps de cuisson : 20 à 25 minutes suffiront.

COURONNE AUX NOIX
et coulis de caramel

POUR 6 À 8 PERSONNES
PRÉPARATION : 45 MIN
CUISSON : 45 MIN

70 g de cerneaux de noix
100 g de chocolat noir
150 g de farine + 1 cuillerée à soupe pour le moule
1 sachet de levure chimique
5 œufs
1 gousse de vanille
100 g de beurre + 1 noix pour le moule
150 g de sucre
1 cuillerée à soupe de sucre glace
1 pincée de sel

Coulis de caramel :
250 g de sucre en poudre
1 cuillerée à café de jus de citron
10 cl d'eau
20 g de beurre

1. Réservez 20 g de noix et hachez finement le reste au couteau. Cassez le chocolat dans un saladier et ajoutez-lui le beurre en parcelles. Posez le tout sur un bain-marie frémissant et faites fondre doucement jusqu'à obtenir une préparation lisse.
2. Séparez les blancs des jaunes d'œufs. Au fouet ou au robot, mélangez les jaunes avec le sucre jusqu'à ce que le mélange blanchisse. Ajoutez les noix hachées, la farine et la levure tamisées ensemble, puis mélangez. Fendez la gousse de vanille en deux et récupérez les graines à l'aide d'un petit couteau, ajoutez-les dans la préparation. Incorporez le chocolat fondu et mélangez.
3. Cassez le reste des noix en gros morceaux, ajoutez-les à la pâte. Montez les blancs en neige avec une pincée de sel. Incorporez-les en trois fois dans la préparation, en soulevant délicatement la masse à l'aide d'une spatule.
4. Préchauffez le four à 180 °C (th. 6).
5. Beurrez et farinez un moule en forme de couronne, versez-y la préparation. Enfournez et faites cuire 30 à 35 minutes. Vérifiez la cuisson en enfonçant la lame d'un couteau : elle doit ressortir sèche. Sortez le gâteau du four, laissez-le tiédir puis démoulez-le sur une grille. Laissez complètement refroidir. Saupoudrez-le de sucre glace.
6. Pendant ce temps, préparez le coulis de caramel : faites chauffer le sucre avec 2 cuillerées à soupe d'eau et le jus de citron. Lorsque le caramel prend une belle couleur ambrée, ajoutez le reste d'eau bien chaude (attention aux projections) puis le beurre en parcelles et mélangez jusqu'à obtenir une sauce homogène. Laissez tiédir puis nappez-en le gâteau juste avant de déguster.

GALETTE *des rois*

POUR 6 À 8 PERSONNES
PRÉPARATION : 30 MIN
CUISSON : 35 À 40 MIN

2 rouleaux de pâte feuilletée (pur beurre)
125 g de poudre d'amandes
2 œufs + 1 jaune
100 g de beurre à température ambiante
125 g de sucre glace
1 fève, 1 couronne

1. Préchauffez le four à 210 °C (th. 7).
2. Préparez la frangipane : mélangez la poudre d'amandes avec le sucre et les œufs entiers. Ajoutez le beurre et mélangez. Fouettez le jaune d'œuf restant avec un peu d'eau.
3. Tapissez la plaque du four d'une feuille de papier sulfurisé. Étalez la première pâte feuilletée et piquez-la avec une fourchette. Étalez la frangipane, en laissant un bord de 2 cm tout autour ; humectez-le avec un peu d'eau au pinceau. Ajoutez la fève. Recouvrez du second disque de pâte. Soudez bien les deux bords.
4. Badigeonnez la galette de jaune d'œuf au pinceau. Faites des stries sur la pâte avec la pointe d'un couteau. Enfournez pour 35 à 40 minutes de cuisson, jusqu'à ce que la pâte soit bien dorée. Laissez tiédir avant de déguster.

GÂTEAUX individuels

MERVEILLEUX
fraises-chocolat

POUR 6 PERSONNES
PRÉPARATION : 30 MIN
CUISSON : 2 H 40

Meringues :
4 blancs d'œufs
1 noix de beurre pour la plaque
125 g de sucre en poudre
125 g de sucre glace

Crème :
6 fraises
100 g de chocolat noir râpé finement
30 cl de crème liquide entière très froide
50 g de sucre glace + 2 cuillerées à soupe pour la finition

1. Préchauffez le four à 110 °C (th. 3-4).
2. Préparez les meringues : beurrez une plaque à pâtisserie. Montez les blancs en neige avec 2 cuillerées à soupe de sucre en poudre. Quand ils sont fermes, versez le reste de sucre en poudre en pluie en continuant de fouetter. Tamisez ensuite le sucre glace et mélangez délicatement avec une spatule.
3. Mettez la meringue dans une poche munie d'une douille lisse. Faites 18 petits disques de meringue sur une plaque à pâtisserie recouverte de papier sulfurisé. Enfournez et faites cuire 10 minutes puis baissez le four à 90 °C (th. 3) et poursuivez la cuisson pendant 2 heures 30. Éteignez le four, entrouvrez la porte et laissez les meringues refroidir à l'intérieur du four.
4. Versez la crème liquide très froide dans un saladier et fouettez-la en chantilly. Quand elle est bien ferme, continuez de fouetter en ajoutant le sucre glace en pluie. Recouvrez 12 meringues d'une couche de chantilly. Réunissez les meringues garnies de chantilly deux par deux et posez par-dessus une meringue non garnie.
5. Enrobez le tout d'une fine couche de chantilly à l'aide d'une spatule lisse. Roulez ensuite les merveilleux dans le chocolat râpé et posez-les debout dans un plat de service. Mettez le reste de chantilly dans une poche à douille cannelée et garnissez le dessus des desserts.
6. Décorez d'une fraise coupée en deux, saupoudrez de sucre glace et servez aussitôt.

MERVEILLEUX *roses*

POUR 6 PERSONNES
PRÉPARATION : 1 H 30
SÉCHAGE : 24 H
CUISSON : 2 H

Meringues :
3 blancs d'œufs
150 g de sucre
⅓ de cuillerée à café de jus de citron
colorant rouge

Crème :
150 g de purée de framboises
½ cuillerée à soupe de fécule de maïs
1 cuillerée à soupe d'eau de rose
150 g de beurre
2 cuillerées à soupe de sucre
50 g de sucre glace
sucres colorés pour décorer

1. La veille, préparez les meringues. Préchauffez le four à 110 °C (th. 3-4).
2. Montez les blancs en neige avec le jus de citron et une pincée de sucre. Quand ils commencent à monter, ajoutez le sucre petit à petit en continuant de battre jusqu'à l'obtention d'un mélange compact et brillant. Ajoutez quelques gouttes de colorant.
3. À l'aide d'une poche à douille, dressez 12 meringues rondes de 6 cm de diamètre sur une plaque de cuisson recouverte d'une feuille de papier sulfurisé. Mettez au four 2 heures à 100 °C (th. 3-4). Une fois la cuisson terminée, éteignez le four et laissez les meringues refroidir dans le four entrouvert.
4. Le jour même, réalisez la crème : diluez la fécule avec l'eau de rose puis mélangez-la à la purée de framboises et le sucre. Faites épaissir sur feu doux en mélangeant constamment. Filmez au contact et laissez refroidir.
5. Fouettez le beurre en pommade puis ajoutez petit à petit la crème de framboise jusqu'à l'obtention d'une crème onctueuse. Ajoutez du sucre glace.
6. Avec un peu de crème, collez 2 meringues entre elles, puis recouvrez-les d'une fine couche de crème. Placez les merveilleux pendant 30 minutes au réfrigérateur puis décorez-les de petits sucres colorés.

PETITES PYRAMIDES
en noir et blanc

POUR 6 PERSONNES
PRÉPARATION : 1 H
CUISSON : 10 MIN

Génoises :
50 g de poudre d'amandes
30 g de chocolat noir
15 g de cacao en poudre
80 g de farine tamisée
+ 1 cuillerée à soupe pour le moule
½ sachet de levure chimique
3 œufs
50 g de beurre fondu
+ 1 noix pour le moule
80 g de crème fraîche
50 g de miel
80 g de sucre semoule

Décoration :
400 g de pâte à sucre blanche
200 g de pâte à sucre noire
30 g de fécule de maïs
billes en sucre argentées

1. Préchauffez le four à 180 °C (th. 6).
2. Dans un saladier, mélangez les œufs, le miel et le sucre. Ajoutez la poudre d'amandes puis la farine tamisée avec le cacao et la levure. Versez la crème fraîche et le beurre fondu. Incorporez le chocolat fondu. Versez dans un grand plat rectangulaire beurré et fariné, puis enfournez pour 10 minutes de cuisson. Laissez refroidir. Découpez la génoise à l'aide d'emporte-pièces de 3 tailles différentes.
3. Sur un plan de travail recouvert de fécule, étalez finement la pâte à sucre blanche. Découpez des cercles un peu plus grands que les disques de génoise et enveloppez-les tous.
4. Étalez la pâte à sucre noire et réalisez les décors : petits ou grands cercles, rubans, petits boudins… Décorez les gâteaux selon votre goût et superposez-les trois par trois pour former des pyramides. Terminez par des billes argentées et des fleurs découpées dans les chutes de pâte à sucre blanche. Réservez au frais (pas au réfrigérateur).

Astuce
Enveloppez le reste de la pâte à sucre dans du film alimentaire : elle se conservera plusieurs semaines dans une boîte hermétique.

MINI-RELIGIEUSES

POUR 6 À 8 PERSONNES
PRÉPARATION : 1 H 30
CUISSON : 40 MIN

Pâte à choux :
60 g de farine
3 œufs
50 g de lait entier
50 g d'eau
45 g de beurre
1 cuillerée à soupe de sucre
1 g de sel

Crème :
50 g de fécule de maïs
2 jaunes d'œufs
50 cl de lait entier
1 gousse de vanille
100 g de beurre
100 g de sucre en poudre

Glaçage :
120 g de fondant blanc
30 g de glucose
quelques gouttes de colorant (jaune, brun et rose)

Finition :
20 cl de crème liquide entière
20 g de sucre glace

1. Préparez la pâte à choux : faites bouillir le lait, l'eau, le beurre, le sucre et le sel. Hors du feu, ajoutez la farine puis, de nouveau sur le feu, desséchez la pâte à la spatule. À l'aide d'un robot, finissez de dessécher la pâte et laissez-la tiédir. Battez légèrement chaque œuf avant de l'ajouter à la pâte.
2. Préchauffez le four à 240 °C (th. 8).
3. À l'aide d'une poche munie d'une douille lisse, dressez sur une plaque recouverte de papier sulfurisé, des petits choux de 15 mm de diamètre et des gros choux de 30 mm de diamètre. Enfournez la plaque et éteignez le four. Laissez cuire 15 minutes, four éteint. Rallumez le four à 165 °C (th. 5-6), en mode chaleur tournante, et terminez la cuisson 10 à 12 minutes. Laissez refroidir.
4. Pour réaliser la crème, faites bouillir le lait avec la gousse de vanille fendue en deux. Dans un cul-de-poule, fouettez les jaunes d'œufs et le sucre jusqu'à ce que le mélange blanchisse. Ajoutez la fécule et mélangez. Versez un peu de lait pour détendre le mélange, sans cesser de fouetter. Reversez le tout dans la casserole et faites épaissir sur feu moyen, en mélangeant sans cesse. Retirez du feu dès la première ébullition. Laissez tiédir puis ajoutez le beurre, fouettez vigoureusement pour aérer la crème. Transférez-la dans une poche munie d'une douille fine et réservez au frais.
5. Procédez au montage : lorsque les choux sont bien froids, percez un petit trou sur le dessous et garnissez-les de crème. Faites chauffer le fondant blanc avec le glucose, sur feu doux, dans une casserole entre 40 et 45 °C. Séparez le mélange en trois. Ajoutez dans chacun un peu de colorant et mélangez. Trempez le sommet des petits choux et superposez-les deux par deux.
6. Battez la crème bien froide en chantilly avec le sucre glace. Versez-la dans une poche munie d'une mini-douille cannelée. Décorez les petits choux d'une collerette de crème et réservez-les au frais jusqu'au moment de déguster.

PARIS-BREST

POUR 6 À 8 PERSONNES
PRÉPARATION : 1 H
CUISSON : 45 MIN

Crème mousseline pralinée :
150 g de praliné
75 g de fécule de maïs
80 g de jaunes d'œufs
50 cl de lait
220 g de beurre à température ambiante
120 g de sucre

Pâte à choux :
amandes effilées
150 g de farine
250 g d'œufs entiers + 1 jaune d'œuf pour la dorure
125 g de lait
125 g d'eau
100 g de beurre
8 g de sucre
sucre glace pour la finition
3 g de sel

1. Réalisez la pâte à choux : préchauffez le four à 180 °C (th. 6). Dans une casserole, portez à ébullition l'eau, le lait, le beurre, le sucre et le sel. Ajoutez la farine en une seule fois et mélangez afin d'obtenir une pâte homogène. Remettez la casserole sur le feu en mélangeant rapidement afin de dessécher la pâte. Transférez la pâte dans un saladier pour la faire refroidir. Incorporez les œufs battus un à un.

2. Mettez la pâte dans une poche munie d'une douille de 8 mm. Sur une plaque recouverte de papier sulfurisé, ou mieux un tapis en silicone, dressez des cercles de 8 cm de diamètre.

3. Dorez les cercles de pâte à choux au jaune d'œuf et parsemez d'amandes effilées. Enfournez et laissez cuire environ 30 à 35 minutes, sans ouvrir la porte. Sortez les choux du four et laissez-les refroidir sur une grille.

4. Préparez la crème mousseline : mettez le lait à bouillir. Dans un saladier, fouettez le sucre avec les jaunes d'œufs jusqu'à ce que le mélange blanchisse. Ajoutez la fécule et mélangez. Quand le lait est à ébullition, versez-en un peu dans le mélange œufs-sucre pour le détendre, sans cesser de fouetter. Reversez le tout dans la casserole et remettez à chauffer sur feu doux, sans cesser de mélanger. Retirez du feu au premier bouillon. Laissez légèrement tiédir et incorporez la moitié du beurre. Mélangez, filmez au contact et laissez refroidir.

5. Dans la cuve d'un robot, mélangez le reste de beurre avec le praliné jusqu'à obtenir un mélange crémeux. Incorporez la crème pâtissière en trois fois et fouettez pour faire monter la crème et obtenir une mousseline. Transférez-la dans une poche munie d'une douille cannelée de 8 mm. Réservez au frais.

6. Procédez au montage : coupez les choux en deux puis, à l'aide de la poche à douille, dressez la crème mousseline en formant des cercles sur la base. Reposez les chapeaux et saupoudrez de sucre glace. Réservez au frais et sortez les paris-brest 15 minutes avant de les déguster.

PETITS CHOUX *pralinés*

POUR 6 À 8 PERSONNES
PRÉPARATION : 1 H30
CUISSON : 50 MIN

Crème pâtissière :
100 g de pralin
30 g de fécule de maïs
4 jaunes d'œufs
35 cl de lait entier
35 g de beurre
20 g de sucre semoule

Craquelin :
50 g de farine
40 g de beurre demi-sel pommade
50 g de cassonade

Pâte à choux :
55 g de farine
100 g d'œufs entiers
50 g d'eau
50 g de lait
45 g de beurre
1 cuillerée à café de sucre
1 pincée de sel

Glaçage :
150 g de fondant blanc pâtissier
1 cuillerée à soupe de sucre de canne liquide
1 pointe de couteau de colorant en poudre (jaune ou violet)

1. Préparez la crème : dans une casserole, portez le lait à ébullition. Mélangez les jaunes d'œufs et le sucre jusqu'à ce que le mélange blanchisse. Incorporez la fécule, versez la moitié du lait et mélangez. Reversez dans la casserole avec le reste de lait et mélangez sans arrêt sur feu vif, jusqu'à obtenir une crème onctueuse. Retirez du feu dès la première ébullition. Ajoutez le pralin puis le beurre, mélangez. Filmez au contact et laissez refroidir.
2. Mélangez tous les ingrédients du craquelin à la main jusqu'à obtenir une boule. Étalez-la très finement entre deux feuilles de papier sulfurisé. Marquez des petits cercles de 3 cm de diamètre à l'aide d'un emporte-pièce ; ne les décollez pas du papier. Réservez au congélateur.
3. Préchauffez le four à 250 °C (th. 8-9), en chaleur statique. Dans une petite casserole, versez le lait, l'eau, le beurre coupé en petits morceaux, le sel et le sucre. Portez à ébullition. Hors du feu, ajoutez la farine d'un seul coup et mélangez pour bien l'incorporer. Replacez la casserole sur feu doux et asséchez la pâte pendant 2 minutes. Transférez la pâte dans un robot et faites tourner le temps de la refroidir jusqu'à environ 45 °C. Ajoutez les œufs battus en deux fois et remuez énergiquement pour les incorporer.
4. Placez la pâte dans une poche munie d'une douille lisse de 8 mm de diamètre, puis dressez en quinconce des petits choux de 3 cm de diamètre, sur une plaque recouverte de papier sulfurisé. Sortez le craquelin du congélateur et recouvrez chaque chou avec un des disques. Enfournez et éteignez le four. Faites cuire 10 minutes. Rallumez le four à 160 °C (th. 5-6) et poursuivez la cuisson 20 à 25 minutes. Retirez du four et laissez refroidir.
5. Transférez la crème pâtissière dans une poche munie d'une douille fine. Percez un petit trou en dessous de chaque chou et garnissez-les généreusement de crème.
6. Faites tiédir au bain-marie le fondant, le sucre de canne et le colorant choisi. Plongez-y les choux un à un, retournez-les et laissez-les sécher. Réservez au frais jusqu'au moment de déguster.

MERRY CHRISTMAS
HAPPY NEW YEAR
l'Hiver
25

MILLEFEUILLES

POUR 6 PERSONNES
PRÉPARATION : 1 H 30
CUISSON : 1 H 20

600 g de pâte feuilletée
farine pour le plan de travail
6 cuillerées à soupe de sucre glace

Crème pâtissière :
50 g de farine
3 jaunes d'œufs
50 cl de lait
2 feuilles de gélatine (4 g)
2 cuillerées à soupe de rhum ambré
1 gousse de vanille
100 g de beurre ramolli
125 g de sucre

Glaçage :
150 g de sucre glace
1 blanc d'œuf
quelques gouttes d'extrait de café (ou de chicorée liquide)

1. Préchauffez le four à 180 °C (th. 6). Abaissez la pâte feuilletée, sur un plan de travail fariné, sur 3 mm d'épaisseur, en formant un grand rectangle. Piquez-la avec une fourchette et divisez-la en trois parties. Déposez la première sur une plaque à pâtisserie recouverte de papier sulfurisé, recouvrez d'une autre feuille de papier et d'une autre plaque. Enfournez pour 20 minutes de cuisson.
2. Retirez la plaque et le papier, poudrez la pâte de sucre glace et remettez 5 minutes au four pour caraméliser. Répétez l'opération pour les deux autres abaisses de pâte. Dès la sortie du four, découpez chaque pâte feuilletée en 6 rectangles de 5 cm sur 10 cm.
3. Préparez la crème pâtissière : faites tremper la gélatine dans un bol d'eau froide. Dans une casserole, mettez le lait à bouillir avec la gousse de vanille fendue en deux. Dans un saladier, mélangez les jaunes d'œufs et le sucre, jusqu'à ce que le mélange blanchisse. Incorporez la farine et mélangez. Lorsque le lait est chaud, versez-en la moitié sur les œufs, sans cesser de mélanger. Reversez le tout dans la casserole et faites cuire sur feu doux jusqu'à ce que le mélange épaississe. Retirez du feu à la première ébullition, ajoutez la gélatine essorée et laissez tiédir la crème. Ajoutez ensuite le beurre ramolli et le rhum, puis mélangez. Filmez au contact et réservez au frais.
4. Déposez un premier rectangle de feuilletage sur un plat et étalez une belle couche régulière de crème pâtissière, en vous aidant d'une spatule métallique. Posez un deuxième rectangle de feuilletage sur le dessus et étalez une autre couche de crème pâtissière. Posez enfin le dernier rectangle de feuilletage, égalisez les bords. Procédez de même pour les autres millefeuilles.

5. Réalisez le glaçage : mélangez le blanc d'œuf et le sucre glace jusqu'à obtenir une consistance assez épaisse. Prélevez trois cuillerées à soupe de ce glaçage et ajoutez l'extrait de café.
6. Étalez uniformément le glaçage blanc sur chaque millefeuille. Réalisez un cône à l'aide d'une feuille de papier sulfurisé, roulée sur elle-même. Remplissez-le du glaçage brun, recoupez le bout pour former un petit orifice et dessinez des lignes horizontales et parallèles, espacées de 3 cm. Avec la pointe d'un couteau, rayez la surface en sens inverse afin de dessiner des marbrures.
7. Mettez les millefeuilles au frais jusqu'au moment de servir.

BABAS AU RHUM
et coulis passion

POUR 6 PERSONNES
PRÉPARATION : 40 MIN
CUISSON : 35 MIN

150 g de farine
+ 2 cuillerées à soupe pour le moule
1 sachet de levure chimique
3 œufs
60 g de beurre fondu
+ 2 noix pour le moule
150 g de sucre

Sirop :
250 g de sucre
3 fruits de la passion
le jus d'1 citron
1 gousse de vanille
2 cuillerées à soupe de rhum
50 cl d'eau

1. Préchauffez le four 180 °C (th. 6).
2. Beurrez et farinez 6 moules à kouglof individuels.
3. Dans le bol d'un robot, battez les œufs entiers et le sucre, jusqu'à ce que le mélange devienne mousseux. Ajoutez le beurre fondu, la farine et la levure tamisées ensemble, puis mixez jusqu'à ce que la pâte soit bien lisse. Versez dans les moules, faites cuire 10 minutes puis baissez le thermostat à 150 °C (th. 5) et poursuivez la cuisson 10 minutes.
4. Préparez le sirop : faites chauffer le sucre et l'eau avec la gousse de vanille fendue en deux, dans une grande casserole sur feu vif. Ajoutez la pulpe des fruits de la passion et le jus de citron, puis faites cuire 10 minutes à petite ébullition. Ajoutez le rhum.
5. Démoulez les babas sur une grille. Arrosez-les à la louche avec le sirop bouillant. Laissez-les tiédir en les arrosant régulièrement de sirop. Dégustez tiède ou froid avec un peu de crème fouettée.

PETITS MOKAS

POUR 8 PERSONNES
PRÉPARATION : 1 H
+ 15 MIN LA VEILLE
CUISSON : 30 MIN

Génoises :
120 g de farine + 30 g pour les moules
4 œufs entiers
30 g de beurre pour les moules
120 g de sucre en poudre

Crème au beurre :
quelques gouttes d'extrait de café
10 jaunes d'œufs
300 g de beurre pommade
250 g de sucre

Sirop :
20 cl d'eau
100 g de sucre
1 lamelle d'écorce de citron
1 pincée de cannelle en poudre
¼ de gousse de vanille
1 cuillerée à soupe de rhum brun

Finition :
150 g de praliné noisette en grains
8 grains de café en chocolat

1. Préparez le sirop : versez l'eau et le sucre dans une casserole. Ajoutez la gousse de vanille fendue en deux dans la longueur, le citron et la cannelle. Portez à ébullition et laissez frémir 10 minutes. Laissez refroidir puis filtrez et ajoutez le rhum. Réservez au frais.

2. Réalisez la génoise : mélangez les œufs et le sucre dans un cul-de-poule. Déposez-le sur un bain-marie frémissant et fouettez jusqu'à ce que le mélange double de volume. Continuez de fouetter hors du feu jusqu'à complet refroidissement. Incorporez délicatement la farine tamisée à l'aide d'une spatule.

3. Préchauffez le four à 180 °C (th. 6). Beurrez et farinez 8 moules ronds individuels. Répartissez la pâte et enfournez pour 12 à 15 minutes de cuisson. Vérifiez la cuisson à l'aide d'une lame de couteau plantée au centre du gâteau : elle doit ressortir sèche. Laissez tiédir les génoises puis démoulez-les sur une grille. Laissez refroidir.

4. Préparez la crème : mélangez le sucre avec un peu d'eau. Portez à ébullition et faites cuire jusqu'à 121 °C (utilisez un thermomètre à sucre). Mettez les jaunes d'œufs dans le bol d'un batteur. Dès que le sucre est cuit, versez-le doucement sur les jaunes, sans cesser de fouetter à petite vitesse. Dès que le sucre est incorporé, battez jusqu'à refroidissement, à grande vitesse. Incorporez ensuite le beurre pommade en parcelles, puis l'extrait de café. Continuez à battre afin d'obtenir une crème lisse et homogène.

5. Coupez les génoises transversalement en deux. Badigeonnez les biscuits du fond de sirop. Étalez une cuillerée de crème à la spatule. Disposez dessus les disques de génoise restants. Recouvrez les côtés et le dessus des mokas d'une fine couche de crème. Décorez le pourtour de praliné noisette.

6. Transférez le reste de crème au café dans une poche munie d'une douille cannelée. Décorez le dessus des mokas, en formant des cercles. Déposez un grain de café au chocolat sur le dessus et réservez au frais jusqu'au moment de servir.

PETITES CHARLOTTES *mascarpone-pain d'épices*

POUR 6 PERSONNES
PRÉPARATION : 20 MIN
RÉFRIGÉRATION : 1 H

500 g de fraises
6 tranches de pain d'épices
250 g de mascarpone
125 g de fromage blanc
60 g de sucre
quelques feuilles de menthe pour la finition

1. Lavez et équeutez les fraises. Gardez-en 12 pour la décoration et coupez les autres en petits morceaux. Réservez au frais.
2. Dans un saladier, fouettez le mascarpone, le sucre et le fromage blanc. Réservez au frais.
3. Découpez 6 disques de pain d'épices à l'aide de cercles à entremets. Laissez-les au fond des cercles. Posez-les sur une plaque.
4. Découpez les 12 fraises en tranches fines dans le sens de la hauteur puis posez-les sur le pain d'épices, en couronne, le long des bords de chaque cercle.
5. Sortez les fraises et le mélange au mascarpone du réfrigérateur. Déposez quelques cuillerées de mascarpone à l'intérieur des cercles, puis les morceaux de fraises. Remettez au frais pendant 1 heure.
6. Au moment de servir, posez chaque charlotte dans une assiette, en vous aidant d'une spatule. Retirez délicatement les cercles, disposez ensuite quelques feuilles de menthe pour la décoration et dégustez.

PETITS BAVAROIS
ricotta-cerise

POUR 6 PERSONNES
PRÉPARATION : 45 MIN
RÉFRIGÉRATION : 4 H
CUISSON : 5 MIN

150 g de cerises
+ quelques-unes pour
la garniture
200 g de crème
150 g de ricotta
200 g de biscuits
au chocolat
4 jaunes d'œufs
30 cl de lait
4 feuilles de gélatine (8 g)
60 g de beurre fondu
100 g de sucre

★★★

Astuce

Vous pouvez ajouter quelques pistaches concassées sur le dessus des bavarois.

1. Lavez les cerises, dénoyautez-les et coupez-les en dés. Faites tremper la gélatine dans de l'eau froide. Émiettez les biscuits finement et mélangez-les avec le beurre fondu jusqu'à obtenir une pâte épaisse. Étalez-la au rouleau entre 2 feuilles de papier sulfurisé et réservez-la au réfrigérateur.

2. Dans un grand saladier, fouettez les jaunes d'œufs avec le sucre jusqu'à ce que le mélange blanchisse. Faites chauffer le lait dans une casserole. Versez-le sur le mélange œufs-sucre, sans cesser de fouetter, et reversez le tout dans la casserole. Laissez épaissir cette crème sur feu doux sans cesser de fouetter : elle ne doit pas bouillir. Ajoutez la gélatine essorée et mélangez jusqu'à complète dissolution. Laissez refroidir.

3. Tapissez l'intérieur de 6 ramequins de film alimentaire. Fouettez la crème bien froide en chantilly. Ajoutez-la délicatement dans la crème aux œufs refroidie. Incorporez également la ricotta et les cerises. Versez cette préparation dans les moules jusqu'à 1 cm du bord.

4. Sortez la pâte au chocolat du réfrigérateur. Découpez à l'aide d'un emporte-pièce 6 cercles de la taille de vos moules. Déposez-les sur la crème et réservez les bavarois 4 heures au réfrigérateur.

5. Au moment de servir, démoulez les bavarois dans les assiettes de service, retirez le film alimentaire et garnissez de cerises fraîches.

CUPCAKES MERINGUÉS
au lemon curd

POUR 6 À 8 PERSONNES
PRÉPARATION : 1 H
CUISSON : 35 MIN

Cupcakes :
140 g de farine
1 cuillerée à café de levure chimique
1 cuillerée à café de bicarbonate de soude
2 œufs
2 cuillerées à soupe de lait
le jus et le zeste finement râpé d'1 citron
120 g de beurre à température ambiante
100 g de sucre

Lemon curd :
le jus et le zeste finement râpé d'1 citron
2 œufs
50 g de beurre
70 g de sucre en poudre

Meringue suisse :
2 blancs d'œufs
120 g de sucre

1. Préparez le lemon curd : faites fondre le beurre au bain-marie, puis ajoutez le sucre, le jus et le zeste de citron ainsi que les œufs. Fouettez le tout sur feu doux jusqu'à ce que le mélange épaississe. Réservez au réfrigérateur.
2. Préchauffez le four à 180 °C (th. 6).
3. Réalisez les cupcakes : mélangez au fouet le beurre et le sucre. Ajoutez les œufs puis la farine tamisée avec la levure et le bicarbonate. Incorporez le lait, le zeste et le jus de citron. Fouettez jusqu'à obtenir une préparation homogène. Versez dans des moules à muffins garnis de caissettes en papier. Enfournez pour 20 minutes de cuisson. Laissez refroidir et creusez légèrement le centre des gâteaux. Remplissez de lemon curd.
4. Préparez la meringue suisse : mettez les blancs d'œufs et le sucre dans un cul-de-poule. Déposez-le sur une casserole d'eau frémissante pour une cuisson au bain-marie. Commencez à fouetter jusqu'à ce que la préparation soit chaude. La meringue doit être bien blanche et brillante. Retirez le cul-de-poule du feu, continuez à fouetter jusqu'au refroidissement complet. Transférez dans une poche munie d'une douille lisse et décorez les cupcakes. Faites colorer à l'aide d'un chalumeau de cuisine.

CUPCAKES À LA ROSE
et à la mousse de fraise

POUR 6 PERSONNES
PRÉPARATION : 30 MIN
CUISSON : 15 MIN

250 g de mascarpone
2 cuillerées à soupe d'eau de rose
1 cuillerée à café de zeste de citron râpé
180 g de farine
½ sachet de levure chimique
3 œufs
120 g de sucre
1 pincée de sel

Mousse de fraise :
10 cl de coulis de fraises
30 cl de crème liquide entière
50 g de sucre glace
fleurs et perles en sucre de couleur

1. Préchauffez le four à 180 °C (th. 6).
2. Mélangez les œufs et le sucre semoule au fouet dans une jatte, jusqu'à ce que le mélange blanchisse. Ajoutez la farine, la levure, le sel, le zeste de citron et l'eau de rose. Pour finir, ajoutez le mascarpone et mélangez pour obtenir une pâte homogène.
3. Versez la pâte dans des moules à muffins garnis de caissettes en papier. Enfournez pour 15 minutes de cuisson en surveillant la coloration. Laissez refroidir sur une grille.
4. Préparez la mousse de fraise : montez la crème liquide bien froide en chantilly, ajoutez le sucre glace au fur et à mesure, puis le coulis de fraises, délicatement. Remplissez une poche munie d'une douille cannelée.
5. Recouvrez chaque cupcake de chantilly à la fraise. Décorez de fleurs et de perles en sucre. Servez aussitôt.

CUPCAKES
aux épices

POUR 6 PERSONNES
PRÉPARATION : 20 MIN
CUISSON : 30 MIN

Gâteaux :
100 g de chocolat blanc
1 cuillerée à café de cannelle en poudre
1 cuillerée à café de gingembre en poudre
½ gousse de vanille
120 g de farine
½ sachet de levure
2 œufs
120 g de beurre
100 g de sucre

Glaçage :
300 g de sucre glace
100 g de beurre mou
1 cuillerée à café d'extrait de vanille
1 cuillerée à café de cannelle

1. Préchauffez le four à 180 °C (th. 6).
2. Préparez les cupcakes : fouettez les œufs et le sucre jusqu'à ce que le mélange blanchisse. Ajoutez la farine, la cannelle, le gingembre, les graines de la gousse de vanille et la levure ; mélangez.
3. Faites fondre le beurre doucement, au bain-marie ou au micro-ondes. Incorporez-le au mélange précédent puis ajoutez le chocolat blanc haché.
4. Remplissez aux deux tiers des moules à muffins garnis de caissettes en papier. Enfournez pour 25 à 30 minutes de cuisson, puis laissez complètement refroidir.
5. Pendant ce temps, préparez le glaçage : dans un saladier, travaillez le beurre au fouet jusqu'à obtenir la consistance d'une pommade. Ajoutez-y progressivement le sucre glace et l'extrait de vanille, puis fouettez pendant 3 minutes au batteur électrique.
6. Versez ce glaçage dans une poche munie d'une douille cannelée et réservez-le au frais. Dressez ensuite une rosace de crème sur chaque cupcake, puis saupoudrez de cannelle en poudre.

Astuce
Remplacez la cannelle par un mélange spécial pain d'épices.

MINI-PLUMCAKES *fraise-violette*

POUR 6 À 8 PERSONNES
PRÉPARATION : 40 MIN
CUISSON : 25 MIN

100 g de confiture de fraises
250 g de farine
1 sachet de levure
2 yaourts nature
60 g de beurre
160 g de sucre
1 pincée de sel

Glaçage :
200 g de chocolat blanc à pâtisserie
quelques gouttes de colorant rose

Chantilly :
25 cl de crème entière bien froide
1 cuillerée à café d'arôme de violette
quelques gouttes de colorant violet
50 g de sucre glace

1. Préchauffez le four 180 °C (th. 6).
2. Faites fondre le beurre et mélangez-le au fouet avec le sucre, dans un grand saladier. Ajoutez le yaourt et mélangez.
3. Incorporez la farine et la levure tamisées ensemble, ainsi que la pincée de sel. Mélangez doucement jusqu'à obtenir une pâte lisse et homogène.
4. Remplissez à moitié de pâte des moules à mini-cakes. Ajoutez une cuillerée de confiture au centre puis complétez avec de la pâte. Les moules ne doivent être remplis qu'aux trois quarts.
5. Enfournez pour 20 minutes de cuisson. Laissez les gâteaux refroidir avant de les démouler.
6. Cassez le chocolat blanc dans un saladier, placez-le sur un bain-marie et faites fondre doucement. Ajoutez suffisamment de colorant pour obtenir un rose soutenu et mélangez. Déposez les gâteaux sur une grille et versez le glaçage au chocolat sur le dessus. Laissez refroidir et figer.
7. Battez la crème bien froide en chantilly. Ajoutez l'arôme de violette, le sucre glace et quelques gouttes de colorant afin d'obtenir une couleur pastel. Transférez la chantilly dans une poche munie d'une douille lisse et déposez une volute de crème sur chaque gâteau. Réservez au frais jusqu'au moment de déguster.

CRONUTS

POUR 6 À 8 PERSONNES
PRÉPARATION : 2 H
REPOS : 4 H 30
CUISSON : 10 MIN

Pâte :
450 g de farine + un peu pour le plan de travail
20 g de levure de boulanger fraîche
25 cl de lait
15 g de beurre doux à température ambiante
60 g de sucre semoule
1 cuillerée à café de sel
huile de friture

Feuilletage :
200 g de beurre doux

Finition :
50 g de sucre semoule

Crème :
1 gousse de vanille
15 g de fécule de maïs
2 jaunes d'œufs
25 cl de lait entier
1 cuillerée à soupe de crème épaisse
40 g de sucre semoule

Glaçage :
100 g de sucre glace
1 blanc d'œuf

1. Préparez la pâte : faites tiédir le lait. Mélangez la levure et 2 cuillerées de lait dans un bol, puis ajoutez une pincée de sucre. Laissez reposer 15 minutes.
2. Dans le bol du robot, mélangez la farine, le sucre et le sel. Ajoutez le beurre et la levure, puis le reste de lait. Pétrissez jusqu'à ce que la pâte se décolle des bords. Laissez lever 1 heure à température ambiante, recouvert d'un torchon.
3. Étalez le beurre au rouleau. Étalez la pâte en un grand rectangle sur le plan de travail fariné. Placez le beurre au centre puis rabattez les 2 côtés de pâte. Filmez et réfrigérez 30 minutes.
4. Étalez la pâte puis repliez-la de nouveau en trois. Filmez et réfrigérez 30 minutes. Recommencez une dernière fois. Filmez et réfrigérez 30 minutes.
5. Étalez la pâte sur 1 cm d'épaisseur. À l'aide d'un emporte-pièce de 10 cm, découpez des cercles. Recoupez le centre à l'aide d'un emporte-pièce de 3 cm. Placez les cercles au fur et à mesure sur une plaque recouverte de papier sulfurisé. Couvrez d'un torchon puis laissez lever 1 heure 30 à température ambiante.
6. Dans une casserole, faites chauffer le lait avec la gousse de vanille fendue en deux. Laissez infuser 10 minutes puis filtrez.
7. Dans un saladier, fouettez les œufs avec le sucre jusqu'à ce que le mélange blanchisse, puis incorporez la fécule. Versez un peu de lait sur le mélange pour le détendre, sans cesser de fouetter. Reversez le tout dans la casserole et faites épaissir sur feu doux, sans cesser de mélanger. Arrêtez la cuisson à la première ébullition. Transférez la crème dans un saladier, filmez-la au contact et laissez refroidir.

8. Faites chauffer un bain de friture. Plongez-y les disques de pâte par petites quantités et faites-les cuire jusqu'à ce qu'ils soient bien dorés. Égouttez-les sur du papier absorbant puis roulez-les dans le sucre. Laissez refroidir.

9. Fouettez la crème pâtissière puis ajoutez la crème épaisse. Transférez-la dans une poche munie d'une douille lisse et fine et remplissez les cronuts par le dessus en 3 endroits. Ajoutez un filet de glaçage sur le dessus (réalisé en mélangeant le sucre avec le blanc d'œuf) et dressez sur un plat de service.

MACARONS FAÇON TARTELETTES *aux fruits rouges*

POUR 6 PERSONNES
PRÉPARATION : 45 MIN
RÉFRIGÉRATION : 30 MIN
CROÛTAGE : 30 MIN
CUISSON : 25 MIN

Macarons :
200 g de poudre d'amandes
150 g de blancs d'œufs
200 g de sucre glace
200 g de sucre semoule
5 cl d'eau

Crème :
1 gousse de vanille
50 g de fécule de maïs
2 œufs
50 cl de lait entier
80 g de sucre en poudre

Garniture :
500 g de fruits rouges mélangés (fraises, framboises, cassis, groseilles)
100 g de pistaches mondées non salées
2 cuillerées à soupe de sucre glace

1. Préchauffez le four à 150 °C (th. 5), en mode chaleur tournante.
2. Dans un saladier, mélangez la poudre d'amandes et le sucre glace. Tamisez ce mélange puis incorporez 75 g de blancs d'œufs. Mélangez à la spatule jusqu'à obtenir une pâte épaisse.
3. À l'aide d'un robot, montez les 75 g de blancs d'œufs restants en neige ferme. Dans une petite casserole, versez l'eau et le sucre et portez ce sirop à ébullition jusqu'à ce qu'il atteigne 118 °C (utilisez un thermomètre à pâtisserie). Ajoutez-le alors sur les blancs montés tout en laissant tourner le robot à vitesse rapide. Laissez-le tourner jusqu'à ce que la préparation ait refroidi.
4. Incorporez en trois fois la meringue dans le saladier contenant la pâte d'amandes. Mélangez jusqu'à obtenir une préparation lisse, brillante et qui fasse un ruban. Versez cette pâte dans une poche munie d'une douille lisse. Sur une plaque recouverte de papier sulfurisé, dressez des macarons de 10 cm de diamètre. Tapotez la plaque afin de faire remonter d'éventuelles bulles d'air. Laissez croûter les macarons pendant 30 minutes à température ambiante puis enfournez pour 12 à 15 minutes. Sortez-les du four, laissez les coques refroidir puis décollez-les du papier sulfurisé.
5. Préparez la crème : dans un saladier, cassez les œufs, versez le sucre et fouettez jusqu'à ce que le mélange blanchisse. Incorporez la fécule.

6. Versez le lait dans une petite casserole et portez-le à ébullition avec la gousse de vanille fendue en deux.Retirez la gousse et versez le lait sur la préparation. Fouettez bien puis reversez le mélange dans la casserole sur feu doux. Laissez cuire en fouettant constamment, jusqu'à la première ébullition. Versez dans un plat et filmez au contact. Laissez refroidir puis placez 30 minutes au réfrigérateur.

7. Déposez un dôme de crème pâtissière refroidie sur les coques des macarons. Disposez harmonieusement les fruits rouges. Parsemez de pistaches concassées et saupoudrez de sucre glace.

TARTELETTES SABLÉES
façon dômes au citron

POUR 6 PERSONNES
PRÉPARATION : 20 MIN
RÉFRIGÉRATION : 30 MIN
CUISSON : 5 MIN

1 paquet de sablés bretons épais (type Roudor® ou Traou-mad®)
200 g de jus de citron
le zeste d'1 citron jaune non traité
3 œufs entiers + 3 jaunes
3 feuilles de gélatine (6 g)
80 g de beurre
100 g de sucre semoule
3 cuillerées à soupe de sucre glace

★★★

Astuce

Vous pouvez remplacer le jus de citron par du jus d'orange, de pamplemousse ou de citron vert.

1. Faites tremper les feuilles de gélatine dans de l'eau froide. Dans un saladier, mélangez au fouet les œufs entiers, les jaunes, le sucre, le jus de citron et le zeste.
2. Faites chauffer le tout au bain-marie en fouettant jusqu'à épaississement. Ajoutez la gélatine essorée, puis mélangez. Laissez tiédir puis incorporez le beurre. Lissez la crème avec un mixeur plongeant.
3. Répartissez la préparation dans des demi-sphères en silicone (du diamètre des biscuits sablés). Placez-les au congélateur pendant 30 minutes.
4. Démoulez les sphères et déposez-les sur les sablés bretons. Diluez le sucre glace avec un peu d'eau jusqu'à obtenir une pâte épaisse. Versez-la dans un cornet réalisé avec un rectangle de papier sulfurisé, roulé sur lui-même. Coupez le bout. Décorez le dessus des gâteaux de stries de sucre glace. Réservez au frais jusqu'au moment de déguster.

GÂTEAUX *tout rose*

POUR 6 À 8 PERSONNES
PRÉPARATION : 15 MIN
CUISSON : 35 MIN

125 g de poudre d'amandes
3 cuillerées à soupe de confiture de framboises ou de fraises
300 g de farine + pour le plan de travail
3 œufs
150 g de beurre + 1 noix pour le moule
100 g de sucre
sel

Glaçage :
100 g de sucre glace
1 blanc d'œuf
quelques gouttes de jus de citron
quelques gouttes de colorant alimentaire rouge

Décoration :
50 g de sucre coloré argent

1. Préchauffez le four à 200 °C (th. 6-7).
2. Beurrez un moule rectangulaire. Dans un saladier, mélangez la farine, la poudre d'amandes, le sel et le sucre. Ajoutez le beurre en parcelles et travaillez du bout des doigts jusqu'à obtenir une pâte sableuse. Ajoutez 2 œufs entiers et amalgamez la pâte. Étalez-la sur un plan de travail fariné. Divisez-la en 2 parts égales à la mesure du moule.
3. Garnissez le moule d'une des pâtes. Piquez le fond avec une fourchette. Séparez le blanc du jaune de l'œuf restant. Badigeonnez le fond de tarte avec le blanc. Étalez par-dessus la confiture de framboises. Recouvrez de l'autre pâte. Dorez au jaune d'œuf. Enfournez pour 10 minutes de cuisson. Puis, baissez le four à 180 °C (th. 6) et poursuivez la cuisson 25 minutes. Laissez refroidir, puis démoulez.
4. Préparez le glaçage : mélangez le sucre glace, le blanc d'œuf et le jus de citron. Ajoutez quelques gouttes de colorant. Recouvrez le gâteau du glaçage en l'étalant finement puis laissez durcir quelques minutes. Parsemez de sucre argenté, découpez des carrés et servez.

CAKE POPS
smileys

POUR 6 PERSONNES
PRÉPARATION : 30 MIN
CUISSON : 20 MIN

160 g de farine
1 sachet de levure
3 œufs
160 g de beurre
160 g de sucre en poudre

Enrobage :
150 g de chocolat blanc
quelques gouttes
de colorant jaune
crayon pâtissier au chocolat
(Vahiné®)

1. Préchauffez le four à 180 °C (th. 6).
2. Faites fondre le beurre. Fouettez le sucre avec les œufs. Incorporez le beurre fondu et mélangez. Versez ensuite la farine et la levure tamisées ensemble et mélangez.
3. Répartissez la pâte dans un moule à cake pops. Enfournez et faites cuire 20 minutes. Laissez refroidir avant de démouler.
4. Faites fondre le chocolat blanc cassé en morceaux au bain-marie. Ajoutez quelques gouttes de colorant jaune et mélangez pour homogénéiser l'ensemble. Démoulez les cake pops, piquez-les sur des bâtonnets. Plongez-les dans le chocolat blanc en tournant jusqu'à ce que tout le biscuit soit enrobé. Posez-les sur une feuille de papier sulfurisé et laissez durcir le chocolat.
5. Dessinez un sourire et des yeux avec le crayon pâtissier au chocolat. Laissez-les séchez de nouveau, puis dégustez.

INDEX DES RECETTES

K

L

M

O

ÉQUIVALENCES

Mesures liquides

Système métrique	Système américain	Autre nom
5 ml	1 cuillère à thé (cuillère à café française)	
15 ml	1 cuillère à table (cuillère à soupe française)	
35 ml	1/8 cup (tasse française)	1 oz (ou once)
65 ml	1/4 cup ou 1/4 grand verre	2 oz
125 ml	1/2 cup ou 1/2 grand verre	4 oz
250 ml	1 cup ou 1 grand verre	8 oz
500 ml	2 cups ou 1 pinte	
1 litre	4 cups ou 2 pintes	

Mesures solides

Système métrique	Système américain	Autre nom
30 g	1/16 lbs	1 oz
55 g	1/8 lbs	2 oz
115 g	1/4 lbs	4 oz
170 g	3/8 lbs	6 oz
225 g	1/2 lbs	8 oz
454 g	1 livre	16 oz

Chaleur du four

Chaleur	° Celsius	Thermostat	° Fahrenheit
Très doux	70 °C	Th. 2-3	150 °F
Doux	100 °C	Th. 3-4	200 °F
	120 °C	Th. 4	250 °F
Moyen	150 °C	Th. 5	300 °F
	180 °C	Th. 6	350 °F
Chaud	200 °C	Th. 6-7	400 °F
	230 °C	Th. 7-8	450 °F
Très chaud	260 °C	Th. 8-9	500 °F

Direction éditoriale : Anne La Fay
Édition : Adèle Vay
Direction artistique : Caroline Soulères et Julie Mathieu
Maquette : Caroline Soulères
Fabrication : Thierry Dubus et Gwendoline Da Rocha
N° d'édition : M17165
ISBN : 9782317005640
MDS : 76483
Photogravure : Apex
Achevé d'imprimer en septembre 2017 par DZS en Slovénie
Dépôt légal : mars 2015
Édition N°4

www. mangoeditions.com

Retrouvez-nous sur :
https://www.facebook.com/Mangocuisine

Dans la même COLLECTION

DÉCOUVREZ 100 % CUISINE, LA COLLECTION DE 100 RECETTES INRATABLES !

Et aussi :

Plats du dimanche • Petits et grands plats pour étudiants
Tartes pour toute l'année • Délicieuses recettes d'Asie
Les meilleures recettes à petits prix • Végétarien, c'est bon, c'est sain
Les meilleures recettes à petits prix • Pâtisseries cultes

COLLECTIONNEZ-LES TOUS !